博物山東

第一次全国可移动文物普查博物馆集锦

山东省文物局 编著

中 华 书 局

图书在版编目（CIP）数据

博物山东：第一次全国可移动文物普查博物馆集锦 ／ 山东省文物局编. -- 北京 ：中华书局,2017.8
ISBN 978-7-101-12525-2

Ⅰ．①博… Ⅱ．①山… Ⅲ．①文物-普查-概况-山东 Ⅳ．①K872.52

中国版本图书馆CIP数据核字(2017)第064670号

题　　签	于茂阳	
书　　名	博物山东	
	——第一次全国可移动文物普查博物馆集锦	
编　　者	山东省文物局	
责任编辑	许旭虹	
装帧设计	许丽娟	
版式设计	北京禾风雅艺图文设计有限公司	
出版发行	中华书局	
	（北京市丰台区太平桥西里38号　100073）	
	http://www.zhbc.com.cn	
	E-mail:zhbc@zhbc.com.cn	
印　　刷	北京今日风景印刷有限公司	
版　　次	2017年8月北京第1版	
	2017年8月北京第1次印刷	
规　　格	开本889×1194毫米　1/32	
	印张10.5　字数50千字	
国际书号	ISBN 978-7-101-12525-2	
定　　价	56.00元	

编委会

藝巧奪天工
物博話群賢

耿寶昌題

耿宝昌题词

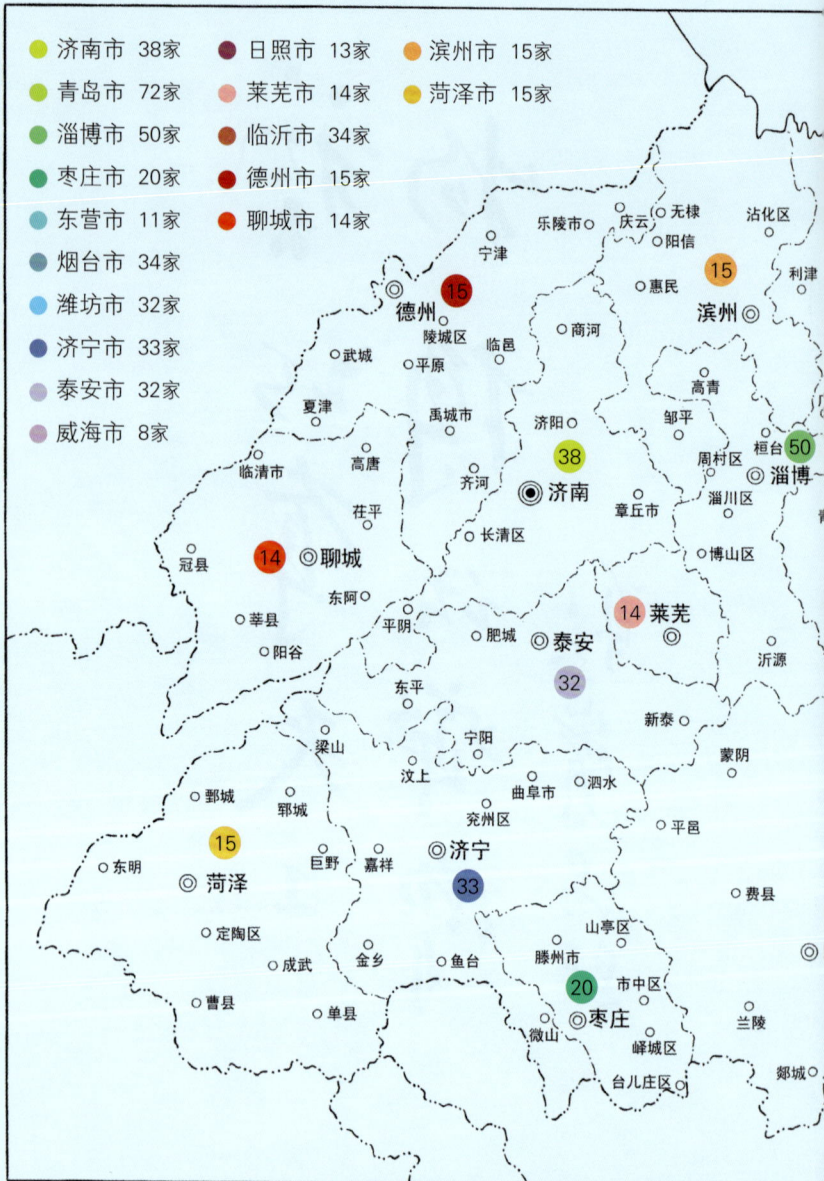

济南市 38家　日照市 13家　滨州市 15家
青岛市 72家　莱芜市 14家　菏泽市 15家
淄博市 50家　临沂市 34家
枣庄市 20家　德州市 15家
东营市 11家　聊城市 14家
烟台市 34家
潍坊市 32家
济宁市 33家
泰安市 32家
威海市 8家

乐陵市　庆云　无棣　沾化区
宁津　　　　阳信　　利津
德州 **15**　惠民
陵城区　临邑　商河　　　滨州 ◎
武城　　　　　　　高青
平原　　　　　邹平　周村区 桓台 **50**
夏津　禹城市　济阳　　　　淄川区 淄博
　　　　　　齐河　　　章丘市
临清市　高唐　　济南 ◎ **38**　博山区
　　　茌平　长清区
冠县　**14** ◎聊城
　　莘县　东阿　　　　　　**14** 莱芜
　　　阳谷　平阴　肥城　泰安 ◎　　沂源
　　　　　　东平　　　**32**
　　　　梁山　　宁阳　　　新泰
　　　　　　汶上　　　　　蒙阴
鄄城　郓城　　　曲阜市　泗水
东明　**15**　巨野 嘉祥　兖州区　　平邑
　◎菏泽
　定陶区　成武　金乡　鱼台　滕州市　费县
曹县　　　单县　　　山亭区
　　　　　　　　微山　市中区
　　　　　　　　　　枣庄 ◎　兰陵
　　　　　　　　峄城区
　　　　　　　台儿庄区　　郯城

长岛

蓬莱市

龙口市

招远市   栖霞市   (34) 烟台   牟平区   ◎
                                                    威海 (8)
莱州市   文登区   荣成市

昌邑市   平度市   莱西市   乳山市

◎ 潍坊   莱阳市

(32)   海阳市

安丘市   高密市   即墨市

胶州市   (72)
诸城市   青岛 ◎

五莲   黄岛区

县

南   (13) 日照

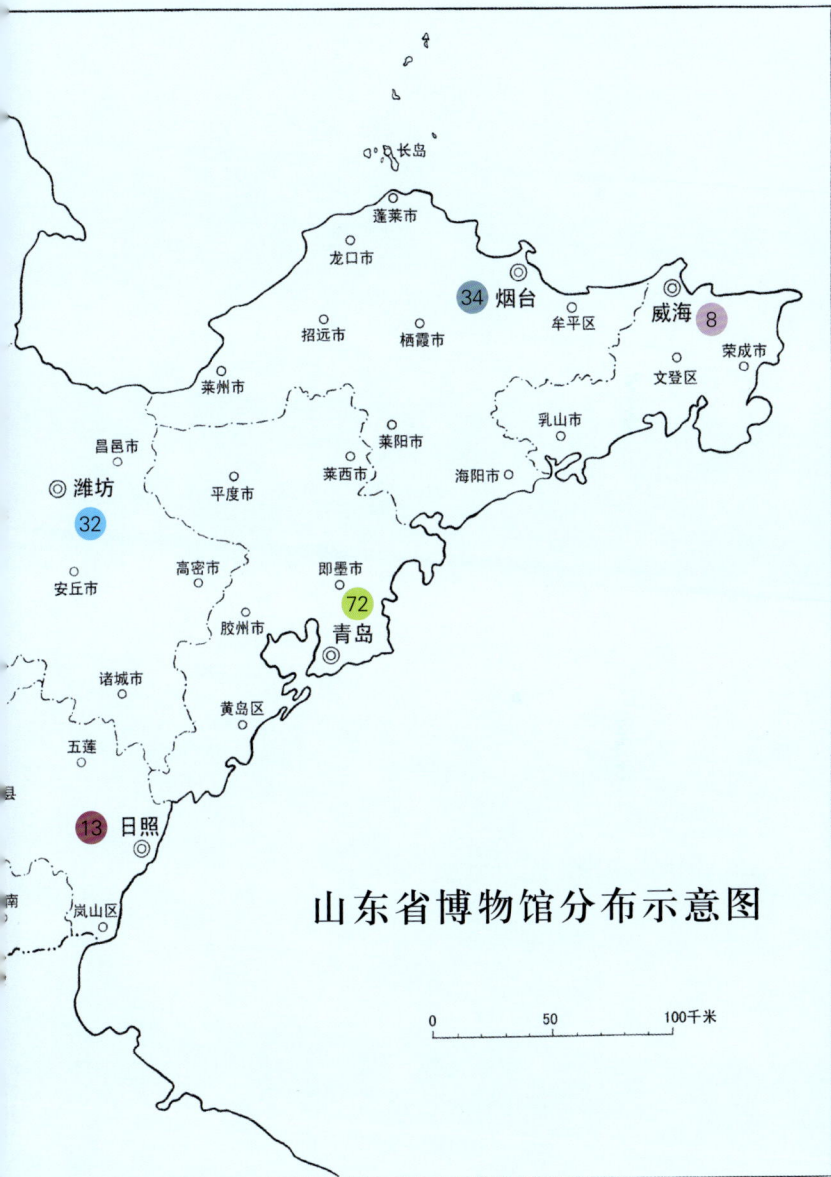

                岚山区   山东省博物馆分布示意图

                        0   50   100千米

序　言

　　可移动文物是文化遗产资源的重要组成部分，是中华文明的重要载体，是传承弘扬优秀传统文化的根基和依托。2012年至2016年，按照国务院统一部署，山东省开展了第一次全国可移动文物普查。这是建国以来首次针对可移动文物领域的重大国情国力调查，普查范围是各级国家机关、事业单位、国有企业和国有控股企业等各类国有单位收藏保管的可移动文物。

　　五年来，在省委、省政府正确领导下，在省文物保护委员会各成员单位、各级政府的大力支持下，全省各级普查机构精心组织、扎实推进，广大一线普查员攻坚克难、奋发进取，圆满完成了国有单位文物收藏情况摸底调查、文物认定、信息采集登记、数据审核各阶段任务，普查工作取得丰硕成果。在国务院召开的第一次全国可移动文物普查总结电视电话会议上，季缃绮副省长代表山东省作了典型发言。

　　通过普查全面掌握了全省国有可移动文物资源总体情况。截至2016年12月31日，全省671家国有可移动文物收藏单位，在全国可移动文物信息平台共登录文物藏品286万余件/套（实际数量558万余件），居全国第三位。普查不仅对文物本体信息逐项登记，还对收藏单位情况、文物保管条件等开展了调查，建立了文物身份证制度和文物资源数据库，实现了摸清家底、建立登录制度、服务社会的工作目标。

　　通过普查进一步提升了可移动文物工作管理水平。全省各级各行业成立普查机构160个，组织普查员、志愿者近万人，调查国有单位6.7

万多家。创新实施文物信息采集登录"四步登录法"、数据审核专家责任制等工作机制，把质量管控落实到了源头预防、逐级审核上，全省普查差错率控制在0.2%以内，普查进度、登录单位和文物数量、数据质量指标均居全国前列。

通过普查有力推动了可移动文物资源服务社会、惠及人民群众。五年来全省各级各类博物馆从149家增加到451家，接待观众人数增长了2.5倍。通过巡展、联展形成藏品资源共享平台，充分利用文物普查成果，举办了普查成果展、汉画像石精品展、"永远的孔子"展等15个全省巡回展览。"文物山东——山东省可移动文物数据库综合管理服务平台"PC端和移动端网站同步上线，并开通微信公众号。省文物保护委员会聘任了10位山东省文物保护修复咨询专家，省文物局聘请了51位山东省文物修复师。成立山东省文物保护修复中心，组建了3个可移动文物保护区域中心、1个科研基地和7个工作站。投资2亿元、占地40亩的山东省文物保护科研修复工场将于今年10月建成。

为使全省第一次全国可移动文物普查成果进一步服务社会，山东省文物局编辑出版了《文物山东——第一次全国可移动文物普查藏品集萃》《博物山东——第一次全国可移动文物普查博物馆集锦》。前者以历史发展为脉络，遴选了普查新发现的文物和馆藏珍贵文物1000余件；后者以地市级行政区划为单元，辑选了200多家各类型博物馆，充分展示了本次普查重点收藏单位的工作成果，反映了山东先民创造的博大精深、独领风骚的齐鲁文化遗产和我省蓬勃发展的博物馆事业。

文物保护永远在路上。我们要认真贯彻落实党中央、国务院和省委、省政府关于文物工作的部署要求，以更加饱满的热情、更加务实的作风、更加有效的措施，进一步巩固扩大可移动文物普查成果，推动文物保护利用工作不断迈上新台阶。

周晓波

2017年4月17日

目 录 / Contents

济南市
Museums of Ji'nan

青岛市
Museums of Qingdao

淄博市
Museums of Zibo

烟台市
Museums of Yantai

济南市

Museums
of
Ji'nan

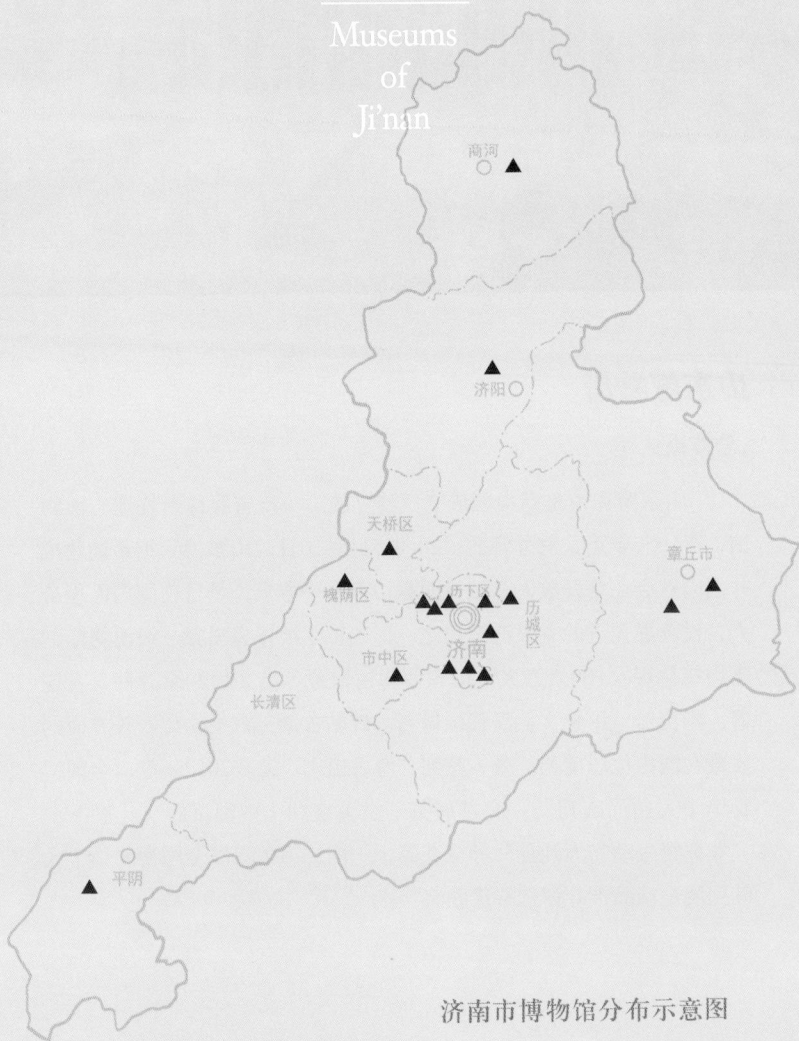

商河 ○ ▲

济阳 ○ ▲

天桥区 ▲

槐荫区 ▲

章丘市 ○ ▲

历下区 ▲ ▲ ▲

历城区 ▲

市中区 ▲ 济南 ▲ ▲ ▲

长清区 ○

平阴 ○ ▲

济南市博物馆分布示意图

山东博物馆

　　山东博物馆是新中国成立后建立的第一座省级综合性地志博物馆，于1956年正式对外开放。2010年11月16日，山东博物馆新馆建成并面向社会免费开放，总建筑面积12万余平方米，是目前国内面积最大、设施最先进的省级博物馆之一，2012年被评为国家一级博物馆，年均接待观众100余万人。山东博物馆馆藏各类文物20余万件，青铜器、陶瓷器、甲骨文、汉代画像石、碑帖古籍、古生物化石等方面的收藏在国内位居前列。基本陈列"考古山东"荣获2012年度"全国博物馆十大精品陈列"；专题展览"空灵之约·中国沉香文化展"、"非洲野生动物大迁徙"等分获第十一届、第十二届全国博物馆十大陈列展览精品推介评选"优胜奖"。

常设展览

　　山东历史文化展、汉画像石艺术展、佛教造像艺术展、考古山东、非洲野生动物大迁徙展、鲁王之宝——明朱檀墓出土文物精品展

大汶口文化·白陶鬶

商·亚醜钺

明·九旒冕

参观服务

地址：济南市经十路11899号
开放时间：周一闭馆，周二至周日9:00—17:00（16:00停止入场），国家法定节假日另行通知，免费开放
预约电话：0531–85058201
交通信息：乘坐BRT–5、115、119、K139、K160路公交车省博物馆站下车；乘坐202路公交车华洋名苑站下车，沿经十路东行500米；乘坐18、62、63、150路公交车一建新村站下车，沿姚家东路南行500米
网址：www.sdmuseum.com

山东大学博物馆

总体概述

　　山东大学博物馆是综合性的高校博物馆，自1995年建立并开放接待观众以来，依托馆藏优势，举办专题展览，充分发挥了高校博物馆在人才培养、科学研究、社会服务和文化传承创新等方面的职能。2011年10月山东大学博物馆新馆在山东大学中心校区知新楼A座落成开馆，展陈面积4000平方米，现设文物展馆、校史展馆、艺术展馆和临时展馆。其中文物展馆是其特色展厅，展出文物均是由山东大学考古系师生在历年考古教学实践中发掘出土的，如尹家城遗址、两城镇遗址、丁公遗址、大辛庄遗址和长清仙人台邾国贵族墓出土的精美文物。

商·卜甲

春秋·铜壶

参观服务

地址：济南市山大南路27号山东大学知新楼A座27、26层

开放时间：周二、四、六下午（节假日除外），其他时间接受提前预约的团体观众参观

预约电话：0531-88366337、88362424

交通信息：市内乘坐K55、70路公交车到山大南路站下车，乘坐48、1、16、112路公交车到山大路山大南路站下车

网址：www.museum.sdu.edu.cn

济南市博物馆

总体概述

　　济南市博物馆创建于1958年12月，国家二级博物馆，是一座较大的地方性综合博物馆。现馆址占地面积8500平方米，建筑面积6300平方米，其中陈列面积2400平方米。现拥有书画、青铜、玉器、陶瓷等各类馆藏文物5万余件，藏品主要来源于考古发掘、国家调拨、社会团体和各界人士的捐赠以及市政府的拨款征购、原济南市文物商店的拨交等多种渠道。在丰富的馆藏文物中不乏国内稀世珍品，如西汉彩绘乐舞杂技陶俑、商代青铜错金目纹戈等均为全国仅见。

元·盛懋《秋溪垂钓图》

此外，法书绘画在藏品中数量较大，精品较多，如北宋郭熙派山水、元倪瓒《枯木竹石图》、元盛懋《秋溪垂钓图》、明王谔《月下吹箫图》、明林良《芦荡雁嬉图》等。

常设展览

古城辉煌——济南历史暨馆藏文物展览、博物馆里的宝——馆藏精品展

参观服务

地址：济南市历下区经十一路30号，千佛山公园西侧

开放时间：周一闭馆，周二至周日9:00—17:00（16:30停止入场），国家法定节假日另行通知，免费开放

预约电话：0531-82959204

交通信息：乘坐64、85、152路公交车至千佛山西门站下车；乘坐39、48、66、110、152、K54、K100路公交车至千佛山西门站下车东行150米

网址：www.jnmuseum.com

西汉·载人载鼎彩绘陶鸟

清乾隆·玉山子

老舍纪念馆

总体概述

　　济南老舍纪念馆又称老舍旧居，是老舍先生1931年至1934年在齐鲁大学任教时的居所，2006年被山东省人民政府公布为省级文物保护单位。纪念馆以老舍先生在济南的生活创作为主题，分成"人民艺术家"、"老舍在济南的足迹"、"老舍笔下的济南"三大部分。

参观服务

地址：济南市历下区南新街58号

开放时间：周一闭馆，周二至周日9:00—17:00（16:30停止入场），国家法定节假日另行通知，免费开放

预约电话：0531-82959215

交通信息：乘坐18、36、75、16路公交车在青年桥站下车，乘坐102路在趵突泉南门站下车，乘坐41路在饮虎池站下车

网址：www.jnmuseum.com

蔡公时纪念馆

总体概述

　　济南蔡公时纪念馆建筑面积900余平方米，馆舍为一德式风格建筑，约建于1920年，是济南城区内一座反映济南百年开埠历史的近现代代表性建筑，2006年被山东省人民政府公布为省级文物保护单位。蔡公时是国民政府战地委员会外交处长兼外交部特派山东交涉员，纪念馆系其英勇遇难之地。馆内展览以"五·三惨案"和蔡公时先生事迹为主题，再现了蔡公时追求革命、誓死捍卫国家和民族的光辉一生。

参观服务

地址：济南市槐荫区经四路370号

开放时间：周一闭馆，周二至周日9:00—17:00（16:30停止入场），国家法定节假日另行通知，免费开放

预约电话：0531-82959213

交通信息：乘坐13、2、K58、K59、101、104路公交车在山东省眼科医院站下车

网址：www.jnmuseum.com

济南市历城区博物馆

总体概述

　　济南市历城区博物馆新馆位于历城区唐冶文博中心，展厅面积1000平方米，现有各类藏品333件/套。展览重点展出商周时期青铜器和四门塔出土佛教文物，展现历城区历史沿革。

常设展览

　　历城馆藏文物展、大辛庄商代历史文化展、历城民俗展

参观服务

地址：济南市历城区唐冶东路777号

开放时间：周一闭馆，周二至周日9:00—17:00（16:00停止入场），国家法定节假日另行通知，免费开放

预约电话：0531-82991038

交通信息：乘308、321、K162路公交车到唐冶站下车，步行至历城区文博中心内

济南市高新区辛弃疾纪念馆

总体概述

　　辛弃疾纪念馆总占地面积29亩，建筑面积4900平方米。整个建筑采用宋代土木建筑风格，古朴凝重。建筑布局为三进院落，各进院落展馆、亭榭错落有致，与院内景观融为一体。四周皆由花园环抱，置身其中，花木扶疏，翠草如茵，清净幽雅，是一处集怀古、凭吊、休闲旅游、爱国教育于一体的人文景观。

参观服务

地址：济南市高新区临港街道四风闸村南

开放时间：8:30—17:00，免费开放

预约电话：0531-88731311

交通信息：洪家楼乘坐10路公交车到王辛下车往北2公里，全福立交桥乘坐307路四风闸下车往南100米路西

网址：www.xinqiji.com.cn

平阴县博物馆

总体概述

　　平阴县博物馆暂设在平阴文庙，占地面积17600平方米，建筑面积3000平方米，展览面积2000平方米。现有藏品1776件/套，馆内陈列展览分别为：大成殿孔子圣迹图展、东西两庑孔子七十二贤人展、乡贤祠展、名宦祠展、文昌阁展、大成门县学文庙展。

战国·嵌松绿石铜卧牛

参观服务

地址：平阴县府前街西段

开放时间：周一闭馆，周二至周日8:30—12:00、13:30—17:00，免费开放，节假日正常开馆

预约电话：0531-87889391

交通信息：济南西站至平阴站转5路公交车，自驾济广高速菏泽方向平阴出口下

章丘区博物馆

总体概述

  章丘区博物馆创建于1984年，2014年被评为国家三级博物馆。2016年元旦正式启用的展馆位于章丘文博中心"五馆"中间位置，建筑面积约3万平方米，其中展陈面积为9000平方米，馆藏文物多达2万余件。2016年"惊世汉王陵——洛庄汉墓文物展"获得"第三届（2015年度）全省博物馆十大精品陈列展览"殊荣。

汉·鎏金铜当卢

常设展览

  章丘历史文物展、洛庄汉墓文物展、危山汉墓文物展

参观服务

地址：济南市章丘区双山西街文博中心
开放时间：周一闭馆，周二至周日9:00—17:00（16:30停止入场），国家法定节假日另行通知，免费开放
预约电话：0531-83213028
交通信息：乘坐6、10路公交车章丘文博中心站下车

龙山文化·陶鼎

龙山文化博物馆

总体概述

　　龙山文化博物馆坐落在"龙山文化"发现地、命名地、首批全国重点文物保护单位——城子崖遗址的东北角，是山东第一座史前遗址博物馆。总占地面积3万平方米，主体建筑面积4600平方米。展览面积3000平方米，展出文物300余件，展出跨越后李文化至汉代6000余年的历史。基本展览由序厅、龙山破晓、文明之星、考古圣地、济南寻根五部分组成。除基本陈列展览外，还设龙山文化研究成果展和现代黑陶精品展等临时展览。

龙山文化·陶鬶

参观服务

地址：济南市章丘区龙山街道办事处城子崖国家考古遗址公园内
开放时间：周一闭馆，周二至周日9:00—17:00，免费开放
预约电话：0531-83621031，大型团队参观、讲解需要预约
交通信息：博物馆在102省道龙山段路南，距章丘火车站、济青高铁章丘站、遥墙飞机场约半小时路程；济南乘坐K902路公交车龙山文化博物馆下车，明水乘坐2、K902路公交车龙山文化博物馆站下车

济阳县博物馆

总体概述

济阳县博物馆是一座地方综合性博物馆，成立于1995年5月，建筑面积800平方米，展厅面积500平方米，馆藏文物964件/套。新馆建筑面积10700平方米，设计展厅7个，分别为：刘台文物展、济阳历史文化文物展、馆藏石刻展、济阳名人展、世界名画展、乡愁记忆展、临时书画展。

西周·玉鹅

常设展览

济阳历史沿革展、精品文物展、历史文物展、汉画像石展

参观服务

地址：济阳县老城街27号

开放时间：周一闭馆，周二至周日9:00—17:00（16:00停止入场），免费开放

预约电话：0531-81170162

交通信息：乘坐1路公交车老城街站下车

商河县博物馆

　　商河县博物馆占地面积7300平方米，建筑面积3800平方米，展厅面积2100平方米。博物馆依托馆藏文物资源，着力打造"麦丘遗风文物展"，展出文物上自商周，下迄明清，精品荟萃，展示出商河县悠久的历史文化。除基本陈列展览外，博物馆还设有鼓子秧歌等非物质文化遗产展览。

宋·绿釉枕

明·玉杯

参观服务

地址：商河县长青东路1号

开放时间：周一闭馆，周二至周日9:00—11:30、14:30—17:00（国家法定节假日除外），免费开放

预约电话：0531-84629088，团体需电话预约

交通信息：从商河县汽车站南门站乘坐3路公交车人民公园站下车东行约300米

石敢当摩崖艺术博物馆

总体概述

　　石敢当摩崖艺术博物馆成立于2015年7月，馆藏大量的摩崖（汉字）刻经拓本。在学术研究方面，博物馆集结馆藏的珍贵徂徕山摩崖刻经拓本，出版了金石书系《大美摩崖·徂徕山篇》。博物馆定期举行各种公益活动和文化体验，包括文化讲坛、非遗传拓等各项公益活动，推广中国传统文化。

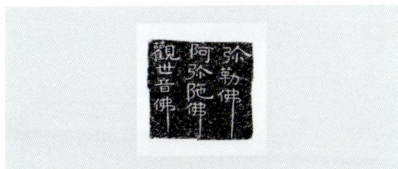

参观服务

地址：中心馆：世茂·宽厚里；一馆：济南印象济南·泉世界
开放时间：周二至周日10:00—20:00，节假日照常开放
预约电话：18678885831
交通信息：乘坐1、5、70、K151、K55、K59、K91路公交车青龙桥南站下车；乘坐3、101、507、K50路公交车青龙桥站下车；乘坐36、K109路公交车黑虎泉站下车

山东华夏汽车博物馆

总体概述

　　山东华夏汽车博物馆坚持以"汽车"藏品为载体，超越品牌、区域和国界的差别，讲述汽车工业百年发展历程所带来的科技文明进步、产业迅猛发展、技术不断变革、产品日趋多元的背后故事。截至2016年底，汽车博物馆已累计收藏包括40余辆藏品车等在内的各类藏品120余件。

常设展览

　　汽车文化历史展、老爷车展

劳斯莱斯

红旗CA72

参观服务

地址：济南市经十东路12906号

开放时间：周一闭馆，周二至周日9:00—17:00（16:00停止入场），国家法定节假日另行通知，免费开放

预约电话：0531-82206999

交通信息：乘坐BRT-5、115、119、K139、K160路公交车浆水泉站下车；乘坐202路公交车浆水泉站下车，沿经十路东行50米

山东省刘氏古钟表博物馆

总体概述

　　山东省刘氏古钟表博物馆成立于2016年5月，是由刘荣全、刘荣芹、刘荣昌、刘荣光、刘荣跃姐弟五人在继承其父刘恩阳毕生钟表收藏心血的基础上各自拿出自有藏品组建成立的山东省第一座古钟表博物馆。

　　博物馆现有四个展厅：手表怀表类、苏钟广钟类、座钟挂钟类、综合展厅。

　　藏品共有2000余件，分为座钟、挂钟、台表、怀表、手表五大系列。涵盖了18世纪法国生产的贵族皮套钟，英国制表人签名的定制重力挂钟；19世纪瑞士生产的珐琅怀表，欧洲各主要钟表生产国专供中国市场的大八件怀表；19世纪晚期中国制表大师张恒隆、王益兴手工制作的苏式插屏钟，广州钟表作坊"公和堂"制作的广式重锤式挂钟；21世纪刘氏家族成员刘荣昌古法传承纯手工制作的苏式钟、广式钟。

18世纪法国皮套钟

19世纪国产广式挂钟

参观服务

地址：济南市济微路122号齐鲁七贤文化城
开放时间：周一闭馆，周二至周日9:30—16:20，国家法定节假日另行通知，免费开放
预约电话：0531-82028168　13355319888
交通信息：乘坐21、22、23路公交车到七贤庄下车

山东省权衡天下秤砣博物馆

总体概述

　　山东省权衡天下秤砣博物馆成立于2016年，共收集各式秤砣3000余件。藏品从材质上看，有铜、铁、瓷、陶等，形状有锤形、塔形、银锭形、元宝形、鼓形、葫芦形、花瓶形、水桶形、各种动物造型等，年代从东汉时期至现代跨越两千多年的历史，见证了我国衡器发展的历史过程，也展现了劳动人民的勤劳智慧和创造力。

参观服务

単位地址：济南市历下区花园路302号林业大厦二楼

开放时间：9:00—18:00，全年开放，节假日不休

预约电话：18853102726

交通信息：乘坐112、122、11、30、118、117、165、BRT5路公交车历山路花园路站下车

山东宏济堂博物馆

总体概述

　　山东宏济堂博物馆是一所中医药特色博物馆，设中医药文化、宏济堂发展史、动植物药标本、特色互动五个展室，与之配套的有藏书阁、书画阁、大宅门茶社、民族乐器展、藏胶地窖五个展室。馆藏文物包括1915年巴拿马万国博览会金牌、100年前的《宏济堂药目》、《乐家世代祖传丸散膏丹下料配方》等珍贵文物藏品600余件。博物馆突出宏济堂中医药文化特色，延展中华5000年中医药文明史，主题展室集英纳粹，配套展室相互映衬，常年对外开放，每年邀请国内外著名的中医药和展陈方面的专家学者座谈交流，不断丰富内容，提升办馆质量，形成了馆内文物藏品、馆外中药植物园、中医药文化示范园点面结合，远近沟通，古今融汇，认知与旅游交相辉映的格局。

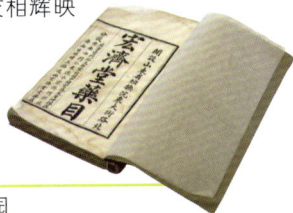

参观服务

地址：济南市历城区经十东路30766号力诺科技园

开放时间：周一至周六8:30—17:30，周日9:00—16:30

预约电话：0531-88729973

交通信息：乘坐136、K301、K303、K305、K306、K311路公交车直达

华夏书信文化博物馆

总体概述

　　华夏书信文化博物馆成立于2016年3月，原址为济南老电报大楼，始建于1904年，是国家重点文物保护单位。博物馆展览面积870平方米，以书信为主要藏品，分"书信文化史"、"古代书信集粹"、"近现代书信集粹"、"山东名人书信集粹"四大陈展主题。为丰富人民群众精神生活，定期开设中小学生书信文化教育、书信文化大讲堂等主题活动。

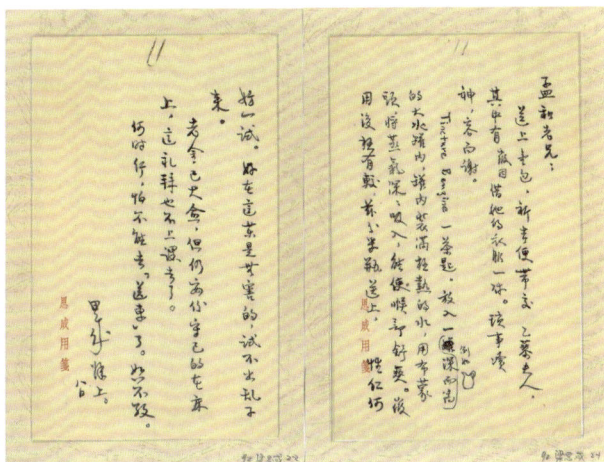

梁思成书信手札

参观服务

地址：济南市经一路91号（济南火车站出站口处）

开放时间：周一闭馆，周二到周日9:00—17:00 免费开放

预约电话：0531–58671157

交通信息：乘坐3、11、18、43、84、90路公交车火车站或天桥南站下车

山东伴山紫砂博物馆

　　山东伴山紫砂博物馆成立于2016年9月，馆内现有紫砂藏品400余件，类别包含文人壶、吉语壶、斋堂号壶、玉成窑壶、宫廷御用壶、彩釉壶等。博物馆致力于普及紫砂知识，欣赏紫砂艺术，弘扬紫砂文化。

参观服务

地址：济南市历下区经十一路18号千佛山公园内（卧佛南50米路西）
开放时间：周一闭馆，周二至周日9:30—16:00
预约电话：0531-82922306
交通信息：乘坐64、152路公交车千佛山风景区站下车，乘坐2、16、48、115、117、BRT3、K139、K170、K171、K301路公交车经十路千佛山站下车

青岛市

Museums
of
Qingdao

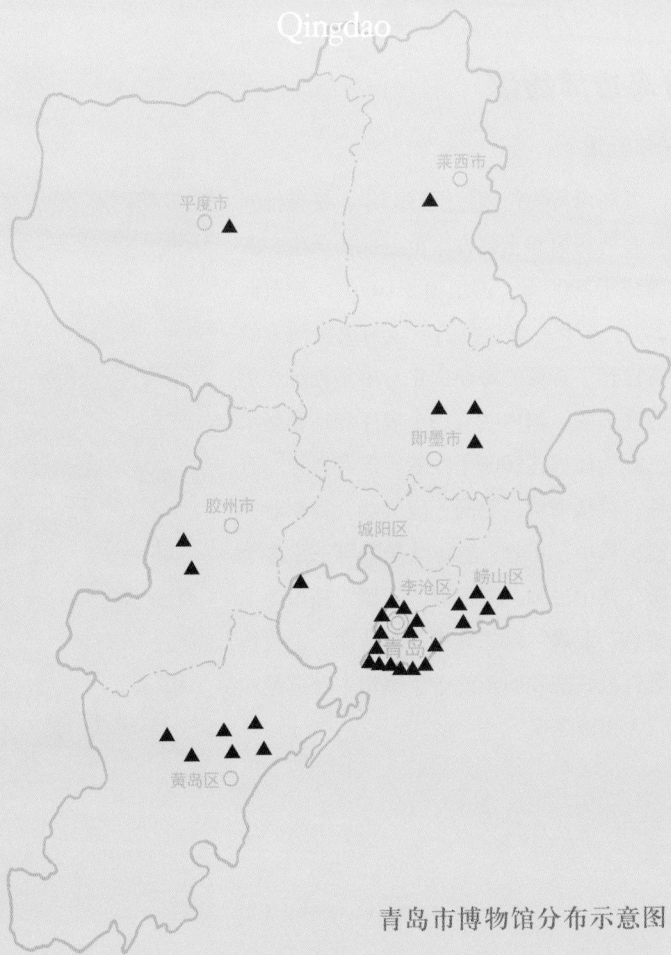

莱西市

平度市

即墨市

胶州市

城阳区

李沧区　崂山区

青岛

黄岛区

青岛市博物馆分布示意图

青岛市博物馆

总体概述

　　青岛市博物馆创建于1965年，是首批国家一级博物馆和全国古籍重点保护单位。新馆建成于2000年，占地面积105亩，建筑面积2万平方米。蔚蓝色的屋顶与天圆地方的外观诠释了青岛的海洋文化与中华传统文化的内在关联。馆内共有13个展厅和环廊展示区，陈列面积达7000平方米。馆藏文物24万余件，包括书法、绘画、陶瓷器、青铜器、玉器、钱币、甲骨、竹木牙角器等三十多个门类，其中书画、陶瓷器、玉器、钱币为馆藏特色，北魏"双丈八佛"石造像、宋代钧窑乳钉鼓式洗和明正统十年纂辑本《道藏》为三大镇馆之宝。

清·高凤翰、黄钰《西亭诗思图》

常设展览

青岛史话——青岛地区历史陈列、彩瓷聚珍——馆藏明清瓷器陈列、古钱今说——馆藏古代钱币陈列、百工奇技——馆藏古代工艺品陈列、左臂丹青——高凤翰书画艺术陈列、乡间画记——馆藏山东民间木版年画艺术陈列

北魏·石佛像

参观服务

地址：青岛市崂山区梅岭东路51号

开放时间：周一闭馆，周二至周日5—10月9:00—17:00，11—4月9:00—16:30，国家法定节假日另行通知

预约电话：0532-88896286

交通信息：乘坐321、230、386、612路公交车青岛博物馆站下车

网址：www.qingdaomuseum.com

宋·钧窑乳钉鼓式洗

青岛德国总督楼旧址博物馆

总体概述

青岛德国总督楼旧址博物馆（迎宾馆）始建于1905年，落成于1907年。由德国著名建筑师拉查鲁维茨设计，建筑面积4083平方米，是德国威廉时代典型建筑样式与青年风格派手法相结合的欧洲古堡式建筑。作为"德国建筑艺术在中国"的最高代表，其装饰之豪华、造型之典雅，至今仍雄居我国单体建筑之首列。青岛德国总督楼旧址博物馆凝缩了近代以来青岛城市的历史风云，呈现了东西方建筑文化对话的丰富图景，集结着建筑艺术、城市史、近代史及中德关系史等多重内涵。作为全国重点文物保护单位、国家三级博物馆、国家首批AAA级旅游景区（点），博物馆先后接待过众多海内外知名人士，架起了中外文化关系沟通之桥梁，是青岛历史文化名城的一个经典象征。

参观服务

地址：青岛市市南区龙山路26号

开放时间：4—10月8:30—17:30，周一至周日全部开放，11—3月8:30—17:00，周一闭馆（国家法定节假日除外）

预约电话：0532-82868838

交通信息：乘坐6、25、26、202、214、217、220、232、307、316、501、801路公交车大学路站下车，乘坐1、221、225、228、367路公交车青医附院站下车，乘坐地铁3号线人民会堂站下车

网址：www.qdybg.com

青岛市康有为故居纪念馆

总体概述

　　青岛市康有为故居纪念馆始建于1899年，原系德占时期德国总督副官的宅邸，为一座德式三层楼房。1923年6月康有为先生始居此寓所，1927年3月在此逝世。2000年故居全面修复后正式对外开放。故居庭院占地面积2.4亩，主体建筑面积1128平方米，是青岛市第一座辟建为专业特色博物馆的文化名人故居。

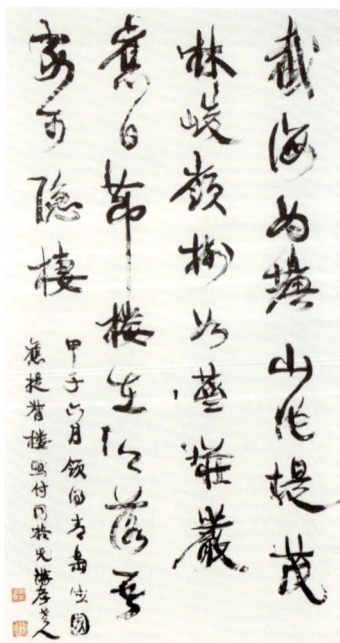

1924年康有为行书中堂

常设展览

　　康有为生平史迹图片展、康有为书法艺术、文明对话——康有为的世界之路、康有为藏品展

参观服务

地址：青岛市市南区福山支路5号

开放时间：4—10月 8:30—17:00，11—3月 8:30—16:30

预约电话：0532-82889957

交通信息：乘坐316、312、321、231、228、223、604、605、31、302、368、206、219、15、306、214、26、501、801路公交车海水浴场下车

网址：www.qdskywgjjng.com/

哥伦布石像（康有为收藏）

青岛市民俗博物馆

总体概述

　　青岛市民俗博物馆于1998年12月建馆，是一处集收藏、研究、展示青岛民俗文化、海洋文化与妈祖文化于一身的公益性博物馆。建馆以来坚持"保护、传承、繁荣、发展"的办馆理念，成为本地最富于特色和最贴近市民生活的民俗文化家园及北方妈祖文化的重要传承地。

明·鎏金铜佛像

常设展览

　　妈祖文化系列展、青岛地方民俗系列展

参观服务

地址：青岛市市南区太平路19号

开放时间：全年开放，9:00—17:00

预约电话：0532-82880728

交通信息：乘坐6、26、214路公交车天后宫站下车，乘坐1、25、202、223、225、228、231、304、307、311、312、316、321、367、501路公交车大学路站下车

网址：www.qdminsu.com/

青岛市黄岛区博物馆

总体概述

　　黄岛区博物馆前身是胶南市博物馆，成立于1983年，占地3000多平方米，建筑面积1300平方米。馆藏文物上起四万年前的化石，下至明清民国时期的各类器物。其中旧石器时代的石器，新石器时代的陶器，秦朝瓦当，汉代釉陶器、漆器、玉器等都是青岛乃至山东地区有影响力的文物精品。一楼展厅主要是黄岛区海上丝绸之路图片展，二楼展厅以黄岛区辉煌的秦汉文明为主线，以近几年出土的灰陶、釉陶器为重点，展示黄岛区的自然、历史、政治、经济。

春秋·"荆公孙"三足铜敦

汉·玉剑璏

汉·"西舍"陶壶

参观服务

地址：青岛市黄岛区文化路103号东风路与文化路交界处向东80米

开放时间：9:00—11:30 、13:30—17:00

预约电话：0532-86163775

交通信息：黄岛区西3、西5、206路公交车到国旅大酒店站下车南行100米路东

即墨市博物馆

总体概述

即墨市博物馆成立于1984年3月，国家三级博物馆，建筑面积1.6万平方米。现藏有各种历史文物、善本书及书画等2.5万余件，其中国家一级文物21件，二级文物50件，三级文物1559件。精品文物有全国著名的"国宝"北宋金银书画《妙法莲华经》、汉代"诸国侯印"金印、齐国刀币"節墨之法化"及明代蓝田《花卉图》、清代段珉《八仙图》、郭廷翕书法等。从史前社会的石质工具，到近代精致器皿；从封建帝王的诏令墨迹，到社会名流的艺文著述，充分展现了即墨丰厚的历史文化遗产。

北宋·金银《妙法莲华经》

常设展览

千古风云说即墨——大视野中的即墨历史文化陈列，国之瑰宝万福攸同——馆藏北宋磁青纸金银书画《妙法莲华经》暨佛教文化陈列，岁月如歌 文化传世——即墨家族文化暨移民史迹陈列，梦里关山 纸上惊鸿——馆藏书画艺术、文献典籍暨文房用具陈列

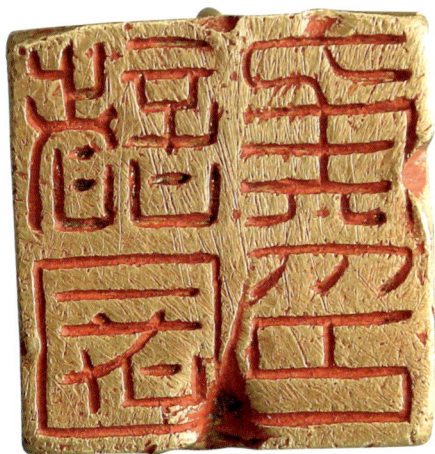

汉·"诸国侯印"金印

参观服务

地址：即墨市省级经济开发区创智新区市民文化中心

开放时间：周二至周日9:00—17:00

预约电话：0532-88512844

交通信息：乘坐16、19、34路公交车到市民文化中心站下车

大沽河博物馆

　　大沽河博物馆总建筑面积2.1万平方米，包括七大陈列展厅以及游客服务中心。陈列内容包括自然生态、古代文明、民俗风情、胶州通史、文化交流、科技、党史。在以实物展陈为主的同时，充分利用现代展陈技术和手法，着力打造青岛河海文化展示平台、海上丝绸之路展示窗口、青岛市特色滨海旅游景区。

大汶口文化·环状兽形鬶

商·妇簋

参观服务

地址：青岛大沽河省级生态旅游度假区少海北路大沽河西岸
开放时间：周一闭馆，周二至周日9:00—16:30（16:00停止入场，
法定节假日除外）
预约电话：0532-82211192

莱西市博物馆

总体概述

　　莱西市博物馆馆藏陶瓷、铜器、玉器、书画、钱币、革命文物、民俗文物等各类文物6000余件。其中，岱墅西汉墓出土的大木偶，至今仍属考古发掘所仅见，被列为国家一级文物；因系出土木偶之最，受到国内外考古学界和木偶艺术界的关注与重视。重要藏品如商代青铜钺，形体硕大，为诸侯王或军事首领权杖的象征，一向被视为青铜重器，尤为珍贵。

常设展览

　　莱西历史文物展、革命文物展、岁月如歌——莱西老照片展、探源青岛——莱西旧石器考古发现

清·粉彩盘龙天球瓶

商·铜钺

西汉·提线木偶

参观服务

地址：莱西市上海西路17号总工会院内

开放时间：周一闭馆，周二至周日8:30—16:30

预约电话：0532-86405268，团体参观需电话预约

交通信息：从莱西车站乘10路公交车到市委党校下车

平度市博物馆

总体概述

　　平度市博物馆占地面积3868平方米，建筑面积1334平方米，是一座地方综合性博物馆。博物馆由一组宏伟壮观的古建筑组成，清咸丰时期兴建的老子庙大殿，现辟为平度历史文物陈列室。展览突出平度地方历史文化特点，尤以东夷文化和石刻文化为特色，展出文物600余件，包含岳石文化遗存"亚"字形石斧、半月形双孔石刀、春秋龙虎纹青铜簋等珍贵文物。

西汉·鎏金凤鸟

常设展览

　　平度历史文物展、平度历代碑刻展

参观服务

地址：平度市红旗路91号
开放时间：周一闭馆，周二至周日9:00—11:30、14:00—16:30
预约电话：0532-87363114，团体参观需电话预约
交通信息：从平度车站乘1、11、12、13路公交车到市人大站下车

青岛海产博物馆

总体概述

　　青岛海产博物馆又名青岛水族馆、青岛海洋科技馆，是中国第一座水族馆，国家二级博物馆。1930年由蔡元培、李石曾、宋春舫、蒋丙然等科技先驱倡建，1932年5月8日正式开馆，是中国海洋研究机构的前身。展馆分为梦幻水母宫、海洋生物馆、海兽馆和淡水生物馆四部分，全面展示了多样的海洋生物和丰富的海洋生物标本。

参观服务

地址：青岛市市南区莱阳路2号

开放时间：周一至周日8:30—17:00

预约电话：0532-82868088

交通信息：市内乘坐26、214、231、321、316、304、228、501等路公交车鲁迅公园站下车步行200米

网址：www.qdaqua.com/

青岛啤酒博物馆

总体概述

　　青岛啤酒博物馆坐落于青岛啤酒的发祥地——登州路56号，展区面积约6000平方米，分为百年历史文化、酿造工艺及多功能区三个相对独立而又贯通一体的参观游览区域。青岛啤酒博物馆是国家二级博物馆，作为世界一流、国内唯一的专业啤酒博物馆，充分利用百年德国建筑与设备，将百年青啤发展历程、酿造工艺与现代化生产作业区相结合，融合东西方文化，开发成为集历史文化、生产工艺流程、啤酒娱乐、购物为一体的多功能旅游景点，被誉为"中国工业旅游旗帜"。

参观服务

地址：青岛市市北区登州路56号青岛啤酒厂内

开放时间：周一至周日，淡季：8:30—16:30，旺季：8:00—17:00，节假日无休

预约电话：0532-83833437

交通信息：乘205、217、221、604路公交车延安一路站下车，乘15、302、1、4、25、225、307、308、367路公交车十五中站下车，乘11、104、125、3、30、28路公交车台东站下车

网址：www.tsingtaomuseum.com

青岛邮电博物馆

总体概述

　　青岛邮电博物馆馆址系原胶澳德意志帝国邮局旧址。该建筑自1901年以来，一直作为青岛邮电经营管理场所，直至2010年修复成邮电博物馆对外开放。一楼游客接待大厅，主要由古董电话展示墙、胶澳1901慢递、游客休息区、旅游纪念品商店组成。二楼展示了近千件文物、实物、图片资料。

参观服务

地址：青岛市市南区安徽路5号

开放时间：全年开放，5—10月10:00—17:00，11—4月10:00—18:00

预约电话：0532-82872386

交通信息：距离火车站10分钟，乘坐321、312、202、316路公交车可达

1905年磁石电话机

青岛德国监狱旧址博物馆

总体概述

　　青岛德国监狱旧址博物馆始建于1900年，是中国监狱近代史上惟一的以古堡式建筑为主体的极具特色的建筑群。德国监狱旧址博物馆旧称"欧人监狱"，是我国目前保存最完整最早的殖民监狱。旧址占地面积11.8亩，建筑面积8297.5平方米。青岛德国监狱旧址主要由仁、义、礼、智、信五座监房和一座工场组成，是反映青岛城市风貌、历史和文化的重要遗存，具有重要的史学价值和艺术价值。场景复原展运用现代科技与历史文物相结合所塑造的场景，逼真再现了这座监狱历经沧桑中的一个个历史瞬间。

参观服务

地址：青岛市市南区常州路23号

开放时间：周一闭馆，周二至周日9:00—16:30

预约电话：0532-82868820

交通信息：乘坐367、307、225、25、228、231、312、321、26、304、501、223、202路公交车大学路站下车

骆驼祥子博物馆

总体概述

　　骆驼祥子博物馆位于青岛市黄县路12号，老舍先生曾于上世纪30年代在此居住，并创作了中国现代文学史上的长篇巨著《骆驼祥子》等一批优秀作品。场馆于2010年5月24日正式免费对外开放，是我国首座以现代文学名著命名的专业性博物馆。展览分为序厅、版本厅、创作厅、艺术厅和青岛厅五部分，全面展示了老舍先生在青岛期间的创作和生活情况。

参观服务

地址：青岛市市南区黄县路12号

开放时间：周一闭馆，周二至周日9:00—16:00免费开放

预约电话：0532-82867580

交通信息：乘坐214、223、304、307、311、312（区间车）、316、321、367、1、6、25、26、202、225、228、231、304（区间车）、312（专线车）、501路公交车大学路站下车

奥帆博物馆

总体概述

　　奥帆博物馆位于2008年奥帆赛、残奥帆赛举办场地——青岛奥林匹克帆船中心内，总建筑面积9359.8平方米，展览面积约2000平方米。馆内展览以第29届奥运会帆船比赛为核心，以奥帆赛的历史渊源与发展脉络为线索，以中国的百年奥运梦想为铺垫，集中展示青岛配合北京申奥、迎奥、办奥的全过程，全面表现奥运会帆船比赛的体育与文化价值。

参观服务

地址：青岛市市南区新会路1号

开放时间：周二至周五9:00—17:00

预约电话：0532-66562015

交通信息：乘坐210、402、231、504公交车奥帆基地站下车

青岛市口腔医学博物馆

总体概述

　　青岛市口腔医学博物馆（青岛市口腔健康博物馆）是青岛市政府资助、青岛市口腔医院筹建，将口腔健康教育与口腔医学博物馆融为一体的大型公益性教育机构，也是青岛市政府2007年为群众办的十件实事之一。博物馆面积800平方米，收集的展品包括模型、口腔历史文物、设备、图书、保健用品等2000余件，展板、展柜100余套，多媒体游戏及宣教片100多套。

常设展览

　　口腔健康教育展区、口腔医学历史展区、口腔保健用品大世界及口腔健康教育流动基地

参观服务

地址：青岛市市南区德县路17号后院

开放时间：周一至周五，8:00—17:00（法定节假日除外）

预约电话：0532-82822029，团体参观需要提前预约

交通信息：乘坐231、228、1、367、221、225、2、5、8、320、305、25、26、202、316、321路公交车可达

网址：www.qddent.com

青岛琅琊台博物馆

总体概述

青岛琅琊台博物馆成立于2015年10月，是青岛琅琊台风景名胜区举办的综合博物馆。藏品有琅琊台秦砖汉瓦、历代碑刻、青铜器、陶器、玉器、历史名人书画等十多个种类，展馆面积达到1040平方米。

常设展览

丝路琅琊图片展、琅琊文化陈列

参观服务

地址：青岛市黄岛区琅琊台风景名胜区
开放时间：5—10月8:00—17:00，11—4月8:00—16:00
预约电话：0532-84119665
交通信息：黄岛区西海岸汽车总站乘坐501路公交车在琅琊台景区站下车；自驾车沿滨海大道按交通指向牌行驶可达琅琊台
网址：www.qdlangyatai.com

青岛消防博物馆

总体概述

　　青岛消防博物馆是集历史展示、知识介绍和模拟演示于一体的综合性博物馆，2000年11月开馆，室内展览总面积2000余平方米。博物馆以消防红为主题色，展厅外观装饰、隔断、展柜等布展设施以消防车、消防栓、消防水枪等消防特有的标志物外观设计制作，充分营造出消防主题环境。博物馆从多个角度展示了青岛建制以来消防工作的历史沿革，消防组织、车辆装备、灭火救援等内容和青岛消防历次重大事件和活动。目前收藏有德占时期消防警铃、消火栓、日占时期的自动灭火设备配件、灭火器材等珍贵的历史文献资料以及消防队建立以来各个时期的历史图片和重大消防活动资料及实物。

常设展览

　　青岛消防博物馆共设展厅十处，分别为：序厅、百年消防厅、荣誉厅、服装器材厅、消防设施厅、模拟火灾体验厅、火灾逃生体验厅、黄岛灭火抢险演示厅、家庭火灾现场复原厅、消防多媒体教育厅

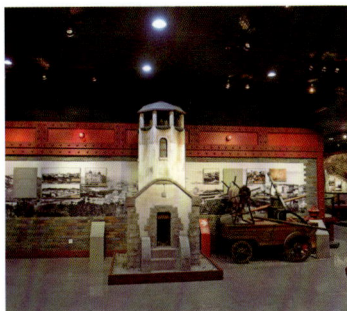

参观服务

地址：青岛市市南区金湖路16号

开放时间：9:30—16:00，周六周日及法定节假日闭馆

预约电话：0532-66577216

交通信息：乘坐12、210、26、202路公交车及地铁3号线在宁夏路站下车

道路交通博物馆

总体概述

　　道路交通博物馆坐落于1910年形成的中国最早汽车站雏形——馆陶路汽车站旧址，占地面积1.8万平米，包含实物展品600余件。博物馆南区主馆以道路交通发展为主线，以实景还原、趣味体验、5D影院、藏品、图文等表现方式，突出青岛作为近代中国道路交通发祥地的独特亮点。北区为1910交运创客驿站，在"创客小巷"中打造了车厢咖啡、交运创意实验室、交运书局等单元，让游客了解交通文化，感受创客氛围，并实施创新互动。同时开放三个分馆：车模馆、车证馆、车票馆。

参观服务

地址：青岛市市北区馆陶路49号

开放时间：周一闭馆，周二至周日9:00—16:30，国家法定节假日另行通知

预约电话：0532-88730888

交通信息：乘坐222、211、20路公交车及隧道4路、隧道8路、青西快线至馆陶路站下车步行100米，乘坐4、209路至大港客运站下车步行200米

青岛纺织博物馆

总体概述

　　青岛纺织博物馆前身为始建于1934年的日商"上海纺绩株式会社青岛工场"，存有周氏家族百年金桂树、百年水塔、锯齿形厂房等众多宝贵的纺织遗址遗迹，堪称现代都市中一座天然的纺织博物馆。项目占地面积17万平方米，定位于打造国内首家AAAA级纺织主题动线博物馆和纺织遗址公园，包含11大特色场馆、19处景观，涵盖文创、旅游、科普等多项功能。未来将建成最有文化底蕴的现代时尚生活体验中心、青岛纺织人的精神家园以及融历史文化、艺术时尚、纺织科技、商业休闲为一体的国家级工业文化旅游景区。

参观服务

地址：青岛市市北区四流南路80号

开放时间：周一闭馆，5—10月9:00—17:00，11—4月9:00—16:30（国家法定节假日除外）

预约电话：0532-82810632

交通信息：乘坐325、305、24、309、5、7、30、302、366、364、373、23路公交车到四流南路开封路站下车

网址：www.texval.cn/

青岛技术博物馆

总体概述

青岛技术博物馆按照"人、技术、创新"这一设计主题，体现"技术中心"的概念，具有技术藏品收藏展示、技术教育实践培训、应用技术研发与创新、社会服务与旅游、国际技术文化合作与交流等功能。收藏展品3000余件，展览场所由室外、室内两大部分组成。室外展区主要由分布在校园的飞机、发电机组、抽油机、雕塑群等9个大型技术与艺术展藏陈列区组成，室外展区与校园统筹建设，形成"一处设施一个景点"、景物交融、人文与技术自然和谐统一的环境氛围。室内部分则由海草房民间技术馆、地下展厅及散布于各楼层的专业馆组成。青岛技术博物馆通过"内引外联"举办技术、艺术等各类展览，邀请专家开办技术文化讲座，组织开设博物馆类课程，每年吸引上万余人前来参观。

参观服务

地址：青岛市黄岛区钱塘江路369号青岛职业技术学院西校区
开放时间：周一至周五对外开放（国家法定节假日除外）
预约电话：0532-86105357
交通信息：隧道2、4路公交车隧道枢纽站转乘31路公交车至终点站

青岛市黄岛区民俗博物馆

总体概述

  青岛市黄岛区民俗博物馆建成于
2006年8月,展厅面积500余平方米,展
品600余件/套。展馆分为三个展区:实
物展区、实景复原区、非物质文化遗产
展区。实物展区,展出的物品自春秋战
国时期至20世纪70年代,反映当地的渔
猎、农耕、民居、生活习俗、生产工具
等。实景复原区,将当地海草屋外观和
清代客厅、近代卧室、灶间等按照原比
例进行复原,运用灯光效果,将当地百
姓使用的蜡烛、马灯、汽灯等照明用具及锅灶、炉灶,根据各种实物
的照明强度,通过光电形式进行改装,达到较好视觉效果。非物质文
化遗产展区,重点展示省级非遗名录黄岛民间剪纸等非物质文化遗产
情况。

参观服务

地址:青岛市黄岛区珠江路1001号

开放时间:免费开放,周一至周五(节假日除外)9:00—11:30,
13:30—17:00

预约电话:0532–86988083

交通信息:乘坐22路中冶东方大厦站下车,4、18、37路西海岸新区
管委站下车,31路金石国际广场站下车

崂山茶文化博物馆

总体概述

　　崂山茶文化博物馆占地面积7800平方米，建筑面积2300平方米，是目前江北唯一的茶文化博物馆。主体结构共4层，分游客中心、中国茶文化博物馆、崂山茶文化博物馆、学术中心四部分。

参观服务

地址：青岛市崂山区王哥庄街道晓望社区
开放时间：9:00—16:00，全年开放
预约电话：0532–87915676
交通信息：乘坐109、106、110、371、383路晓望或双台站下车

青岛华仁输液文化博物馆

总体概述

青岛华仁输液文化博物馆是由华仁药业股份有限公司捐资创办的非国有博物馆，是一家集健康输液教育与输液器具展览于一体的大型公益教育机构，从一个独特视角向人们展示了人类的输液发明发现以

及人类与疾病抗争的历史。博物馆共展示了输液器具、设备、产品、图书等相关藏品500余件，包括国内外输液产品、各类制药仪器、基础性、治疗性、营养性输液展品等，通过展陈、互动、多媒体演示等多种方式将静脉输液发展历史和现代健康输液教育相结合。

参观服务

地址：青岛市崂山区株洲路187号

开放时间：周一闭馆，周二至周日9:30—16:30（法定节假日除外）

参观预约：0532-88701219

交通信息：乘坐126、125、611、386、119、625路公交车东韩站下车，230、312、375、606、313、102路公交车中韩站下车沿株洲路东行1000米

青岛贝壳博物馆

总体概述

　　青岛贝壳博物馆坐落于青岛西海岸新区唐岛湾畔，是一家以贝壳标本展示为主题，集贝壳研究、收藏、科普教育、文化旅游为一体的非国有博物馆。馆藏世界贝壳生物标本12000余种、贝壳化石1000余件、贝壳邮票1000余枚、贝壳文物300余件、贝壳艺术品100余件，场馆面积约2600平方米。

常设展览

　　贝壳标本展示区、贝壳观赏区、儿童互动区、科普区、贝类商品展示区及古贝壳文物区

参观服务

地址：青岛市黄岛区漓江西路680号唐岛湾步行街
开放时间：夏季8:30—18:00，冬季8:30—17:30
预约电话：0532-80982120、80982121
交通信息：隧道5、6、7、8路车上流汇车站下车东行200米，31路车市民广场站下车

胶州九兴博物馆

总体概述

　　胶州九兴博物馆始建于2009年6月，占地面积12000多平方米，建筑面积7800多平方米。馆内共设有七个展厅，包括汉画像石展厅、明清古家具展厅、馆藏文物展厅、观赏石展厅、民俗展厅、字画展厅以及"胶州作"家具展厅。

参观服务

地址:青岛市胶州湾工业园二区（云溪路与株洲路交汇处往北200米路东）

开放时间：8:00—11:30、13:00—17:00

预约电话：0532-82279837　18105320005

交通信息：乘坐202、607路公交车至艺德木业站下车，株洲路口向北200米路东

青岛嘉木艺术博物馆

总体概述

青岛嘉木艺术博物馆是中国唯一的常年集中展示单一城市艺术主题的非国有博物馆，拥有"彩青岛"品牌。馆内收藏、陈列有数百件不同时期的艺术作品、艺术文献、艺术实物等藏品，并定期举办表现青岛历史之美、建筑之美、风景之美、风情之美的艺术展览，通过多种艺术形式展现"碧海蓝天、绿树红瓦"的青岛之彩。

青岛水兵俱乐部老照片

青岛总督府老照片

常设展览

青岛之彩

参观服务

地址：青岛市市南区安徽路16号

开放时间：全年免费开放，10:00—17:00

预约电话：0532–82863887

交通信息：乘坐1、2、5、217、220、221、225、307、367、320、370、316、501路公交车栈桥站下车；乘坐地铁3号线青岛火车站下车

青岛黄海学院博物馆

总体概述

青岛黄海学院博物馆2012年6月起正式免费开放，现有藏品8000余件，包含文房、明清字画、古籍、陶瓷、青铜器、汉画像砖、竹木牙雕等十几个门类。馆藏文物尤以文房砚台的收藏最有特色，中华古砚馆陈列展示了不同历史时期各种形制和石质的众多古代砚台，年代上起西汉，下迄民国乃至文革。这些收藏全方位展现了中国砚文化的发展概貌，构成了一部形象的中国古砚发展史。

常设展览

中华古砚展、古陶瓷文化展、汉画像砖展、天威九重——宫廷器物展、几案芳华——文房雅器展

清·木胎金漆彩绘云蝠献寿匾

清·紫檀银龙首灯挑

唐·龟形砚

参观服务

地址：青岛市黄岛区灵海路3111号青岛黄海学院（北校区）内
开放时间：8:30—16:30（周末无休，寒假期间闭馆）
预约电话：0532-83175858　13869837846
交通信息：乘坐开发区4路、黄岛308路、胶南202路、203路、5路青岛黄海学院站下车西行200米入学院南门，步行到达北校区博物馆；黄岛310路、开发区33A路、33B路开山口站下车东行100米入学院北门至博物馆

青岛秋宝斋指墨画博物馆

总体概述

青岛秋宝斋指墨画博物馆收集了大量以山东半岛为中心的清代至现代的指墨画名家作品，整理出以胶州高凤翰、海阳李氏五道人、莱西李丹忱、青岛宋新涛、刘宗枚、王君，即墨张伏山、韩国栋等为代表的山东指墨画传承脉络。

参观服务

地址：青岛即墨开发区舞旗埠
开放时间：周二至周日9:30—16:30（法定节假日除外）
预约电话：18678911313
交通信息：乘坐23路公交车后北葛下车，5路公交车亨通汽车城下车
微信公众号：jimowenyuan
网址：www.jmwhcyy.com

李承喆指墨画

李朴指墨画

青岛韩家渔盐民俗博物馆

　　青岛韩家渔盐民俗博物馆创建于2008年，是一座集渔盐文化、民俗文化为一体的综合性、多功能博物馆。建筑面积4800平方米，陈列宋代、清末民初时期的石器、服饰、家具及民俗生产用具等3000余件民间民俗物品。

参观服务

地址：青岛市红岛经济区红岛街道韩家民俗村
开放时间：周一至周五对外开放，5—10月9:00—17:00，11—4月8:00—16:00（国家法定节假日除外）
预约电话：0532-87038188
交通信息：青岛海湾大桥—红岛出口离开高速—岙东南路行驶6公里—肖家路口红绿灯处右拐1.5公里可达

青岛琴岛钢琴艺术博物馆

总体概述

　　青岛琴岛钢琴艺术博物馆成立于2012年，馆内面积4000余平方米，馆藏中外古典、近现代钢琴40余架，全年免费开放。先后被纳入市、区未成年思想道德建设社会课堂，并每周举办"钢琴知识课外讲堂"，全年吸引来自全国各地访客两万余人。

常设展览

　　古代钢琴展览、近代钢琴展览、现代钢琴展览，玉石展览，儿童创意画作展览

参观服务

地址：青岛市崂山区香港东路397号43号楼
开放时间：9:00—11:30、13:30—16:00，全年无休
预约电话：0532–80965953
交通信息：乘坐104、301、304、380、612公交车至石老人站下车东行100米

青岛胶东非物质文化遗产博物馆

总体概述

青岛胶东非物质文化遗产博物馆占地10000平方米，建筑面积6000平方米，收藏、展示各级非遗、民俗藏品2000多件。博物馆以"非遗文化保护与传承"为主题，以实践教育为核心，以"快乐体验"为手段，研发出传统面食、酿酒、绣花、风筝、柳腔、传统游戏等体验项目50多个。

参观服务

地址：青岛市即墨经济开发区烟青一级路211号路东

开放时间：周一至周日8:30—12:00、13:30—17:00，免费开放，节假日正常开馆

预约电话：0532-88560666　13884965566

交通信息：乘坐4、102、34、19路公交车青岛民俗文化产业园站下车

青岛金石艺术博物馆

总体概述

　　青岛金石艺术博物馆建筑面积10000多平方米，常年免费开放。博物馆包括奇石馆、美术馆、何家英艺术馆、杜大恺艺术馆、吴纯强艺术馆、刘子尧艺术馆、青铜器馆、瓷器馆和珍宝馆等。

参观服务

地址：青岛市崂山区秦岭路8号

开放时间：全年开放，9:00—16:00

预约电话：0532–88899988

交通信息：乘坐110、230、311、375、380、382、606、610公交车青岛国际会展中心站下车，乘坐104、301、304、313、362公交车到青岛大剧院站下车沿秦岭路步行至青岛金石馆

青岛鲁作家具博物馆

总体概述

　　青岛鲁作家具博物馆创建于2016年，主要展陈明清珍贵的传统家具与字画，通过对外征集，收集民间遗存或流失海外的珍品并对其进行修复保护。博物馆馆藏丰富，收藏不同时期各类品种的鲁作家具500多件/套。自开馆以来，博物馆开办了明代文徵明扇面展、斯里兰卡国际珠宝展等多场知名度较高的展览。

常设展览

　　堂屋厅、古俱选粹厅、传承工艺厅、黄花梨厅、复原体验厅

参观服务

地址：青岛市市北区福州北路133–17号

开放时间：周一闭馆，周二至周日9:30—17:00，国家法定节假日另行通知

预约电话：0532–85698989

交通信息：乘坐503、363、208、603路公交车洪山坡小区站下车

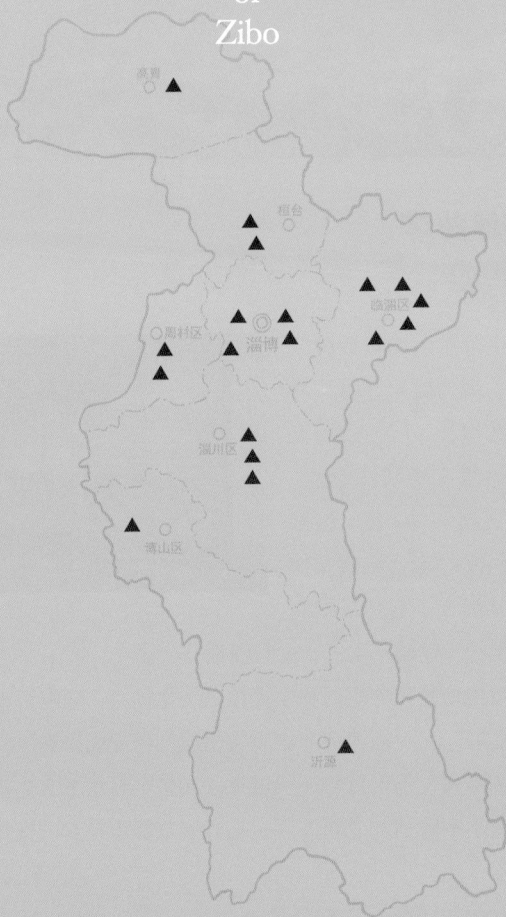

淄博市

Museums
of
Zibo

淄博市博物馆分布示意图

淄博市博物馆

总体概述

　　淄博市博物馆成立于1958年4月2日，现为国家二级博物馆。馆藏文物2.5万余件/套，其中国家一级文物50件/套，国家二级文物99件/套，国家三级文物540件/套。馆藏文物中以西汉临淄齐王墓和战国商王墓地出土的青铜器、玉器、金银器最具代表性。

　　淄博市博物馆充分挖掘和发挥馆藏文物优势，现有基本陈列"馆藏文物精品展"、"淄博市非物质文化遗产保护成果展"、"西汉齐王墓陪葬坑陈列"等，每年还引进举办30多个高水平文化艺术展览。目前已形成基本陈列、专题陈列、临时展览互为补充、交相辉映的展陈体系。

战国·白玉龙虎佩

西汉·金镈铜戈

参观服务

地址：淄博市张店区商场西路153号
开放时间：周一闭馆，周二至周日
9:00—17:00，免费开放
预约电话：0533−2152253
交通信息：乘坐222、126、96、7路
公交车直达
网址：www.zbsbwg.com/

西汉·矩形龙纹铜镜

淄博市陶瓷博物馆

淄博市陶瓷博物馆总面积1.5万平方米,设古代陶瓷展厅、国际陶瓷展厅、名人名作展厅、高技术陶瓷展厅、尹干艺术作品捐赠厅、当代国窑展厅、刻瓷艺术展厅、陶艺厅,全面展示了各个历史时期的陶瓷文物和全国各陶瓷产区的大师级陶瓷艺术精品,共计1万余件/套。其中古代展品500余件,展示了自新石器时代至民国时期淄博生产、出土和收藏的各类陶瓷文物;现代展品9500余件,展示了当代国内外著名工艺美术大师、陶瓷艺术大师的艺术作品。

宋·定窑黑釉碗

宋·影青熏炉

宋·影青执壶

参观服务

地址：淄博市张店区西四路119号

开放时间：周一闭馆，周二至周日9:00—12:00、14:00—17:00，免费开放

预约电话：0533-2167708

交通信息：乘坐7、138、222路公交车可达

蒲松龄纪念馆

总体概述

　　蒲松龄纪念馆建立于1980年。作为国家三级博物馆、全国重点文物保护单位，蒲松龄纪念馆始终秉持保护历史文物、弘扬聊斋文化的宗旨，开门办馆、展用融合，注重学术研究和文化积累，目前已发展成为拥有七个院落、八个展室，占地面积5000多平方米，展室面积600多平方米，陈列体系完备、展览内容丰富的文化名人纪念馆，为淄博最负盛名的旅游胜地之一。现有文物藏品1.5万余件/套，其中国家一级文物9件/套。有珍贵的蒲松龄画像及其手稿、印章，有《聊斋志异》的多种旧抄本、刻本、译本以及聊斋学研究专著等等；还有一大批现当代文化名人、书画名家题咏蒲松龄的书画作品。创办有全国唯一一份聊斋学研究刊物《蒲松龄研究》。

常设展览

　　聊斋复原陈列、生平展览、著作展览、聊斋故事彩塑展览、馆藏书画展览、回顾关怀展览、聊斋影视厅

蒲松龄四枚印章

参观服务

地址：淄博市淄川区洪山镇蒲家庄
开放时间：全年开放，5月1日—10月7日8:30—17:30，10月8日—4月30日8:30—17:00
预约电话：0533-5810168
交通信息：从滨博高速淄川路口下，东行约十公里至景区后，由停车场向西进村100米
网址：www.pusongling.net

蒲松龄画像

齐都文化城

总体概述

　　齐都文化城包括足球博物馆、齐文化博物馆、民间博物馆聚落和文化市场四个部分。其中齐文化博物馆建筑面积35000平方米，拥有文物3万余件；足球博物馆建筑面积12000平方米，常设展厅文物2000余件。主要展示齐地特色的文物专题陈列、齐地非物质文化遗产、世界足球起源地的历史风貌。

常设展览

古代蹴鞠展、现代足球展、齐国文物展、先齐文明展、临淄古代石刻展、廉政教育基地展、中国共产党党史展

战国·铜牺尊

战国·银盒

战国·丙午带钩

参观服务

地址：淄博市临淄区临淄大道308号
开放时间：周一闭馆，周二至周日9:00—17:00（16:30停止入场），
国家法定节假日另行通知
预约电话：0533-7175778
交通信息：乘坐200、237路公交车到齐都文化城站下车东行500米
网址：www.qiwenhuabowuyuan.com

临淄中国古车博物馆

　　临淄中国古车博物馆于1994年9月9日建成并正式对外开放，占地面积36000平方米，建筑面积3600平方米，是以考古发掘现场与文物陈列融为一体的首家古车博物馆。

常设展览

中国古车陈列展、春秋殉马车展

参观服务

地址：淄博市临淄区齐陵街道办事处后李村

开放时间：周一至周日8:00—17:00，全年无休

预约电话：0533-7081996、7083310

交通信息：市区内可乘坐73路公交车直达景点

微信公众号：zggcbwu

北朝·青釉莲花尊

淄川博物馆

总体概述

　　淄川博物馆成立于2007年10月，建筑面积2300平方米，展览面积1800平方米。博物馆充分挖掘和发挥馆藏文物优势，倾力打造陈列展览，集中反映了般阳故城悠久的历史和精深的文化内涵。镇馆之宝北朝青釉莲花尊为国家一级文物，是江北青瓷的发祥地、全国重点文物保护单位寨里窑址的代表性产品。

常设展览

　　"般阳古韵"展、澹庐展、文化遗产保护成果展、孙廼琨专题展、"般阳揽胜"画展、鲁青瓷刻展

参观服务

地址：淄博市淄川区松龄东路262号

开放时间：周一闭馆，周二至周日8:30—12:00、14:00—17:00（法定节日除外），免费开放

预约电话：0533-5159645

交通信息：淄川公交站乘坐31路至淄川博物馆站下车

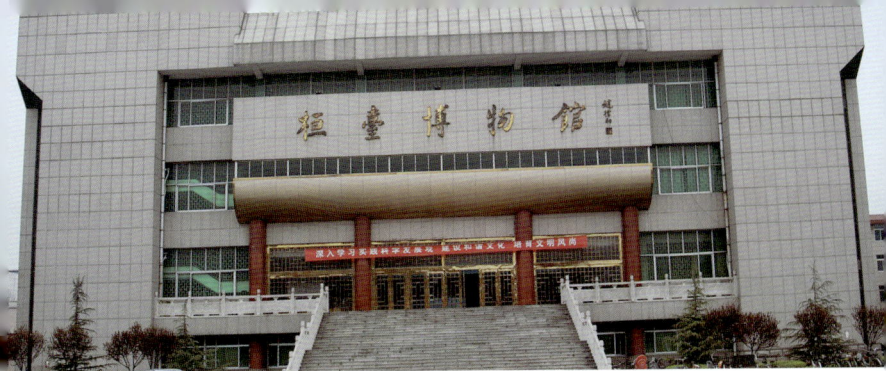

桓台博物馆

总体概述

　　桓台博物馆成立于1998年3月，1999年9月正式对外开放，占地面积20亩，建筑面积6000平方米。展出面积4000余平方米，设有"东夷文明之光"、"齐国瓦当艺术"、"古泉汇展"、"铜镜鉴赏"、"古代书画"、"玉器、骨器、瓷器"、"薄姑国青铜器"、"印章、封泥、陶文"等9个专题陈列。

商·父癸铜觚

战国·朱雀纹瓦当

清·湘竹金扇

参观服务

地址：桓台县中心大街796号

开放时间：周一闭馆，周二至周日5—10月8:30—11:30、13:30—16:30，11—4月8:30—11:30、13:30—16:00，免费开放

预约电话：0533-8162325

交通信息：从淄博火车站乘51路公交车到桓台县政府下车向西步行约50米，济青高速淄博路口向北行5公里至桓台县政府西即达，滨博高速桓台路口向东行8公里至桓台县政府西即达

王士禛纪念馆

　　王士禛纪念馆辖忠勤祠、王渔洋故居、四世宫保坊等古建筑文物景区。忠勤祠是一组典型的明代建筑，距今已有四百多年的历史，占地10000多平方米，为省级重点文物保护单位。忠勤祠石刻琳琅满目，海内知名，其撰文、书法、镌刻并称"三绝"，有"齐鲁小碑林"之誉。王渔洋故居始建于明万历年间，康熙二十四年王渔洋将其增葺为西城别墅；现存故居占地15000余平方米，遗留明清和民国建筑108间，为省级重点文物保护单位。四世宫保坊始建于1619年，被誉为"华夏第一砖坊"，整组建筑除基座外全为砖雕结构，气势雄伟，工艺精妙，是全国重点文物保护单位。

常设展览

　　忠勤祠忠勤报国、石刻瑰宝、齐鲁望族三个主题展区，王渔洋故居原状生活区、生平陈列区、园林区、祭祀区四个主题展区。

参观服务

地址：桓台县新城镇新立村

开放时间：全年正常开放（春节期间闭馆）10—3月8:30—12:00、13:30—16:30，4—9月8:30—12:00、13:30—17:00

预约电话：0533-8886806、8880148

交通信息：乘坐601、71、135路公交车新城站下车

网址：www.wangyuyang.gov.cn

沂源博物馆

总体概述

　　沂源博物馆建筑面积3000余平方米，2006年4月正式对外开放，2009年1月成为淄博市首批免费开放的博物馆，是一座综合性、地志性博物馆。现馆藏文物6000余件，其中珍贵文物243件/套，文物标本近万件。文物藏品中精品荟萃，其中有许多国内外罕见的珍品，如距今四五十万年前的沂源猿人头盖骨化石、西鱼台遗址与东安故城出土的系列青铜器，东里东村战国墓出土的竹编器物、鞋、玉器等。

西周·铜簋

商·铜弓形器

商·铜铙

西周·铜壶

参观服务

地址：沂源县鲁山路文化苑三楼

开放时间：周一闭馆，周二至周日9:00—11:30、14:00—16:30（国家法定节日除外）

预约电话：0533-3242454，团体观众需提前一天预约

交通信息：乘坐527路公交到文化广场站下车

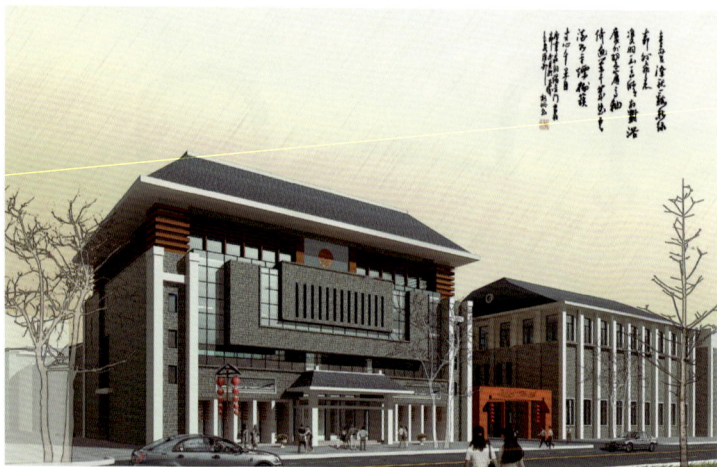

高青县博物馆

总体概述

　　高青县博物馆2012年5月建成并向社会免费开放。建筑面积3000平方米。其中一层为著名国画大师乍启典先生书画展厅，常年展出乍老书画精品60余幅。二层为书画流动展厅，每年举办石刻拓片、古玩收藏、书法绘画、文史资料等展览活动10余场。三层为高青人文历史文化陈列展厅，清晰地梳理了高青历史文化发展脉络。展品中刻有70余字铭文的西周铜簋和带有"齐公"字样的西周铜觥具有重要价值。

西周·铜爵

西周·铜觥

常设展览

高青人文历史文化陈列、乍启典书画艺术展

乍启典《蝴蝶兰》

乍启典《焦大骂街》

参观服务

地址：高青县青城路47号

开放时间：周一、周日闭馆，周二至周六9:00—11:00、14:00—16:00，国家法定节假日另行通知

预约电话：0533-6128006

交通信息：高青长途汽车站西行500米红绿灯左拐南行150米路东

网址：www.whj.gaoqing.gov.cn/

淄博煤矿博物馆

总体概述

　　淄博煤矿博物馆占地面积20亩，建筑面积2900平方米，是淄博市唯一的煤炭博物馆。馆藏各类文物藏品2189件，历史资料10万余件。陈列展览以淄博地区煤炭发展为主线，以丰富的文物藏品辅之于高科技设备，全面生动地介绍了淄博地区自唐朝以来煤炭发展历程。

民国时期煤矿井下使用的电石灯

参观服务

地址：淄博市淄川区淄矿北路133号

开放时间：周一至周五9:00—12:00、14:30—17:00

预约电话：0533-5850485

交通信息：淄博乘坐103路公交车煤矿博物馆站下车，淄川乘坐淄川—大张公交车煤矿博物馆站下车

民国时期煤矿井下使用的蛤蟆灯

山东承扬老电影博物馆

总体概述

　　山东承扬老电影博物馆是非国有博物馆，是展示中国电影百年发展历程、博览电影科技、传播电影文化和进行学术交流的艺术殿堂。馆藏有200余台老式放映机、500余张老电影海报、1000余盘开盘式录音带、5000余部电影胶片及近百台幻灯机、留声机、电唱机、老收音机等珍贵实物藏品。

参观服务

地址：淄博市周村区古商城银子市街155号

开放时间：周一至周日8:30—17:30

预约电话：0533-6809988

交通信息：乘坐238、34路公交车到古商城北门下车，进古商城景区步行至山东承扬老电影博物馆

山东九宫阁齐国文字博物馆

总体概述

　　山东九宫阁齐国文字博物馆建筑面积
4000平方米，馆藏3000余件瓦当、石磬、陶
文、封泥、印章、碑刻、青铜器等有文字或
图案的齐文化遗存。文字专题展厅集中陈列
编磬、量器、封泥和陶文。瓦当文字与艺术
展厅展出齐瓦当1200余件，涵盖树木纹、动
物纹、文字纹、卷云纹、几何纹以及以树木
纹为母题的组合纹样，较为完整地展现了齐
瓦当的风采。陈列展览展示了齐文字的渊源
发展及文化内涵，显示了齐国在中国文明发
展长河中举足轻重的地位，彰显了齐文化的
特色和齐国文明的辉煌。

战国·石磬

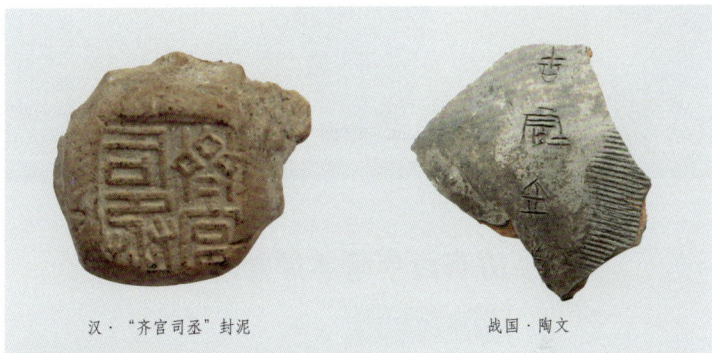

汉·"齐宫司丞"封泥　　　　战国·陶文

参观服务

地址：淄博市临淄区齐都文化城8号楼C区

开放时间：周一闭馆，周二至周日9:00—11:00 、14:00—16:30免费开放

预约电话：18678219287

交通信息：乘坐237、200路公交车到齐都文化城站下车

网址：www.art9gg.com

山东百年课本博物馆

总体概述

　　山东百年课本博物馆是以教科书统观整个中国近现代文化发展史的博物馆。展览分为中国启蒙课本展示区、洋务运动时期、民国时期、抗日战争时期、新中国成立之后三十年变动时期、改革开放时期、新世纪时期和我的博物馆。以场景再现的模式展现了从古代启蒙教育到今天网络化信息教育各个历史阶段的学习场景和课本图书，回顾近代课本登陆中国的百年历史，见证中国从贫弱不堪到傲然腾飞的复兴之旅。

参观服务

地址：淄博市高新区中润大道255号

开放时间：周一闭馆，周二到周日9:00—17:00免费开放

预约电话：0533-3571302

交通信息：乘坐156、157路公交车到印象齐都（小龙湾）站下车往西200米

94

周村烧饼博物馆

　　周村烧饼博物馆是我省最具民间文化特色的博物馆，坐落在国家AAAA级景区——周村古商城。2011年9月5日建成并免费开放，总建筑面积近3000平方米，由地下一层和地上两层组成。地上一层是周村烧饼历史文化展厅，通过实物、文献资料、图片展板、雕塑以及声光电等表现形式全面展示了周村烧饼的历史。地下一层是周村烧饼制作技艺现场演示和游客体验区，游客不仅能亲眼目睹列入"国家级非物质文化遗产"保护名录的周村烧饼制作技艺、品尝到新鲜出炉的周村烧饼，同时还可以参与周村烧饼的制作。被山东省非物质文化遗产研究中心认定为"老字号文化遗产活态博物馆"，也是山东省首家非物质文化遗产手工技艺类博物馆。

参观服务

地址：淄博市周村区大街48号

开放时间：常年对外开放，8:30—17:30

预约电话：0533-6409798

交通信息：从淄博公交站乘坐34路公交车周村古商城站下车，从淄博公交站乘坐4、96路公交车周村公交站下车换乘238、239路公交车周村古商城站下车

淄博市鸿磊金石拓片艺术博物馆

　　淄博市鸿磊金石拓片艺术博物馆是以金石拓片文化为特色的民间博物馆。建筑面积1100平方米，现有516件金石拓片、实物藏品，集中展示了金石文化的历史源流、史学价值与艺术价值，真实记录了金石文化的悠久历史和发展变化及文化特征内涵。

　　铜器全形拓金石题跋展、汉画像石拓片艺术展、赏石全形拓精品展

铜簋全形拓　　　　　　　　　　　　　铜甗全形拓

参观服务

地址：淄博市金晶大道170号

开放时间：周一闭馆，周二至周日9:00—17:00（16:00停止入场），国家法定节假日另行通知

预约电话：15866288123

交通信息：乘坐2、159、51、71、164路公交车淄博文化艺术城站下车

网址：www.quanxingta.cn

淄博市在莹鱼盘艺术博物馆

总体概述

　　淄博市在莹鱼盘艺术博物馆于2013年对外免费开放，是独具陶瓷文化特色的非国有博物馆。建筑面积560平方米，展览面积398平方米，整个展陈体系包括基本陈列、专题陈列等四部分。共收藏有3008件实物藏品，展示陶瓷文化的历史渊源、史学价值和艺术价值，真实地记录了陶瓷文化的悠久历史、发展变化及特征内涵。

参观服务

地址：淄博市博山区石门景区西厢村
开放时间：全年开放，8:00—17:00
预约电话：13905332190
交通信息：滨博高速博山下路口向西进入石门景区

大顺世界钱币博物馆

总体概述

　　大顺世界钱币博物馆建筑面积11700平方米，展出面积6600平方米。馆内设有五个主展厅，分别为历代古钱币展厅、历代金银币展厅、历代纸币展厅、中国人民币展厅、现今世界钱币展厅。现馆内拥有各种钱币1.6万余枚，品种达6000余种。

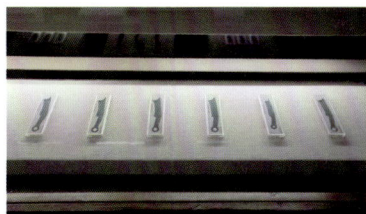

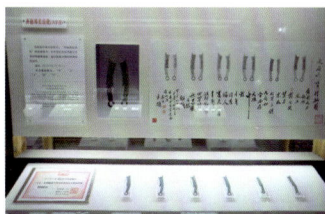

参观服务

地址：淄博市临淄区临淄大道308号

开放时间：周一闭馆，周二至周日8:30—11:30、13:30—16:30免费开放

预约电话：13475517853

交通信息：乘坐237、200路公交车到齐都文化城站下车

枣庄市

Museums of Zaozhuang

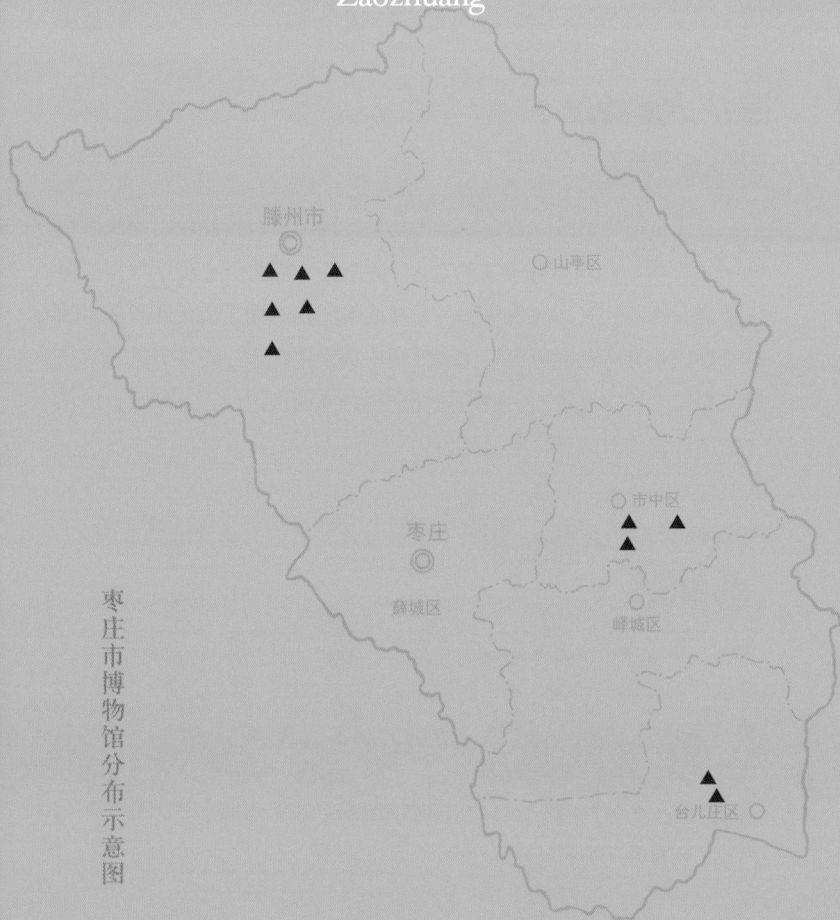

枣庄市博物馆分布示意图

滕州市

山亭区

市中区

枣庄

峄城区

薛城区

台儿庄区

枣庄市博物馆

　　枣庄市博物馆是综合性地志博物馆，国家三级博物馆，建筑面积6600平方米，现收藏各类文物1.5万余件。一楼两个主展厅举办"枣庄历史文物陈列"，向观众展示了从北辛文化时期至清代7000多年间具有枣庄地方特色的历史文化。二楼中部设电视厅，观众可以观赏到反映枣庄名胜古迹风土民情的录像资料；东西两侧厅，分别为近现代文物展厅和临时展厅，主展楼后是一座汉画像石廊，陈列枣庄市出土的画像石、碑刻、石雕，形象生动展示了两汉时期枣庄地区的经济、文化风貌。

参观服务

地址：枣庄市市中区龙庭路56号

开放时间：周一闭馆，周二至周日9:00—11:30、14:30—17:00，免费开放

预约电话：0632–3678277

交通信息：乘坐7、8、11路公交车到光明广场站下车北行100米

网址：www.zzsbwg.com/

春秋·伏鸟铜叠形器

春秋·铜金父瓶

春秋·铜邾君庆壶

贺敬之文学馆

　　贺敬之文学馆设有展览厅、影视厅、书库、书画厅、文物厅等。文学馆全面介绍了贺敬之及夫人、著名作家、诗人柯岩(长诗《周总理，你在哪里》、电视连续剧《寻找回来的世界》的作者)的人生历程和辉煌的文学成就，生动地再现了一代诗人、作家的风范。

参观服务

地址：枣庄市台儿庄区古运路4号

开放时间：8:00—18:00

预约电话：0632–6620251

交通信息：京沪高铁枣庄站乘坐BRTB10到达台儿庄，沿古运路北行400米

台儿庄大战纪念馆

　　台儿庄大战纪念馆1993年4月建成开放。展览陈列面积达8400平方米，共展出实物、史料等1500余件/套。设有临时展厅、多功能报告厅、全景画馆，通过对历史文物、历史图片、文献资料与各类辅助陈列手段有机结合，全景再现了台儿庄大战中爱国将士浴血奋战的壮举。

参观服务

地址：枣庄市台儿庄区古运路4号

开放时间：8:00—18:00

预约电话：0632-6620251

交通信息：京沪高铁枣庄站乘坐BRTB10到达台儿庄，沿古运路北行400米

滕州博物馆

总体概述

　　滕州博物馆始建于1958年，国家三级博物馆，占地面积约7300平方米，陈列面积1200余平方米。现馆藏文物5.2万余件/套，其中一级文物56件。展览分为史前文化厅、玉器厅、商周文化厅、兵器厅、钱币厅和字画厅，涵盖了从距今7300年前的北辛文化到各个历史时期的珍贵文物。其中以商周青铜器、玉器最为精美。

商·兽面纹铜鼎

龙山文化·玉璇玑

西周·铜滕侯簋

西周·铜滕侯鼎

参观服务

地址：滕州市学院路82号

开放时间：周一至周日 9:00—11:30，14:00—17:00（16:30停止入馆），免费开放

预约电话：0632-5503536

交通信息：乘坐2、11、22、26、K107路到北辛中学站下车，乘坐13、20、30、K108路到人才市场站下车

网址：www.tengzhoumuseum.com

滕州市汉画像石馆

滕州市汉画像石馆占地面积20余亩，建筑面积近10000平方米，主体建筑采用仿汉代建筑风格，馆内收藏汉画像石近1000块。滕州汉画像自汉武帝时期延续到魏晋时期，以其画面细腻丰满，在全国汉画领域独具特色。该馆为全国三大汉画像石专题馆之一。藏品从内容看，有神话传说、历史故事、社会生活、科学艺术等；从雕刻技法看，有浅浮雕、高浮雕及阴线刻等，反映了汉代政治、经济、文化、宗教、艺术等各个方面的成就。展览分为精品厅、石椁厅、墓室厅及祠堂厅，既有利于专家学者研究，又方便各阶层游客浏览。

墓主见西王母画像石

参观服务

地址：滕州市府前东路1号

开放时间：8:30—11:30，13:30—16:30，免费开放

预约电话：0632-5615263

交通信息：市区乘坐公交车9、6、36、39路龙泉广场站下车

网址：www.tzhhxsg.com

王学仲艺术馆

总体概述

　　王学仲艺术馆（滕州市美术馆）是以我国当代著名滕州籍书画家、艺术理论家、学者王学仲先生名字命名的公益性文化事业机构，1988年3月开馆。场馆位于滕州市城区东部，建筑面积3000平方米，珍藏有王学仲先生各个时期的书画精品原作700余件，以及唐寅、郑板桥、徐悲鸿等历代名人字画和珍贵文物，共计1000余件。其中镇馆之宝——宋代十米长卷《琅琊王氏祖谱》，极为珍稀。宋代绢画传世目前极少，而《琅琊王氏祖谱》千百年来历经兵火战乱，幸存于世且保存尚好，可谓绝无仅有。

常设展览

　　王学仲书画展览大厅、历代书画珍品室、文物展室、油画展厅、名家贺作厅、"己出楼"临展厅

徐悲鸿《奔马图》

参观服务

地址：滕州市塔寺路20号

开放时间：9:00—11:00 、14:00—16:30，全年免费开放

预约电话：0632-5514578

交通信息：市内乘坐6、36、39路公交车龙泉广场站下车北行20米

网址：www.wxz.tengzhou.gov.cn

世界语博物馆

总体概述

　　世界语博物馆是中华全国世界语协会与枣庄学院合作共建的国际性世界语专题博物馆，其宗旨是保护世界语文化、传承世界语文明。博物馆使用面积为680平米，展馆常设建馆历程展、柴门霍夫厅、国际厅、中国厅、地方厅、侯志平藏品陈列馆、李士俊纪念馆、学术报告厅、典藏室等。

参观服务

地址：枣庄市市中区北安路枣庄学院

开放时间：9:00—18:00，预约参观

预约电话：0632-3786905

交通信息：市中区乘坐29、22路盛北商贸城站下车

网址：www.e-muzeo.com/

枣庄中兴文化博物馆

总体概述

中兴煤矿公司在民族工业发展中占有重要的位置，它是中国第一家民族资本企业、中国最大的股份制企业。曾经有两任民国总统任董事会长，两任民国总理任总经理。中兴公司是最早实行机械化采煤的企业。新中兴公司于2005年6月创建了中兴文化展室，向中兴

民国时期中兴公司股票

煤矿公司股东及后人、社会各界征集中兴文物和资料。2016年成立枣庄中兴文化博物馆，占地2900余平方米，共有展品1562余件。

参观服务

地址：枣庄市市中区北马路8号
开放时间：9:00—11:30、15:00—17:00，免费预约参观
预约电话：0632-4074346
交通信息：市内乘坐29、25、8路公交车可达
网址：www.zzxzx.com/

民国时期中兴公司印章

滕州市鲁班纪念馆

总体概述

　　滕州市鲁班纪念馆设计建筑面积8600平方米，地下一层和一、二层为展览区，突出"百工圣祖"的特点，主要以鲁班发明的卯榫结构为主，混凝土框架为辅。展区设有祭拜大厅、航天厅、木器馆、石器馆、鲁班庙会、今日班门等，共收集藏品10000余件，通过丰富的展品陈列、科学故事的讲述、集科学性与娱乐性为一体的多媒体电子设备的互动，集学术研讨、文物收藏、科普教育、游览参观于一体，让游客在游乐之际全面系统地了解鲁班发明创造在近现代的传承与应用，以及当今世界最具代表性的科学技术与鲁班之间的联系，使科学知识真正走近百姓身边。

参观服务

地址：滕州市龙泉文化广场

开放时间：周一闭馆，周二至周日8:30—11:30，13:00—16:30

预约电话：0632-5151866

交通信息：滕州市区内可乘坐6、9、30路公交车龙泉广场站下车

网址：www.lubanyj.com

滕州市墨子纪念馆

总体概述

　　滕州市墨子纪念馆坐落于山东省滕州市荆水河滨、龙泉塔畔的龙泉广场，是集学术研讨、图书资料收藏、科技教育、参观游览于一体的综合性庭院式建筑群体。展览主要展示墨子及墨家科技、军事成果。

参观服务

地址：滕州市塔寺路龙泉塔北

开放时间：周一闭馆，周二至周日8:30—11:30、13:00—16:30，免费开放

预约电话：0632-5266712

交通信息：滕州市区乘坐6、9、30路公交车至龙泉广场站下车

网址：www.chinamozi.net

滕州市砚台博物馆

总体概述

　　滕州市砚台博物馆2006年开馆，2009年免费对外开放。建筑面积3350平方米，主要展出王玉玺先生无偿捐赠给山东大学滕州市墨子研究中心的442方珍藏砚和近200幅名家书法作品。

清·长寿龟砚

参观服务

地址：滕州市府前东路龙泉文化广场东
开放时间：周一闭馆，周二至周日8:30—11:30、13:00—16:30，节假日不休息，免费开放
预约电话：0632-5266708
交通信息：滕州市区乘坐6、9、30路公交车龙泉广场站下车

东营市

Museums
of
Dongying

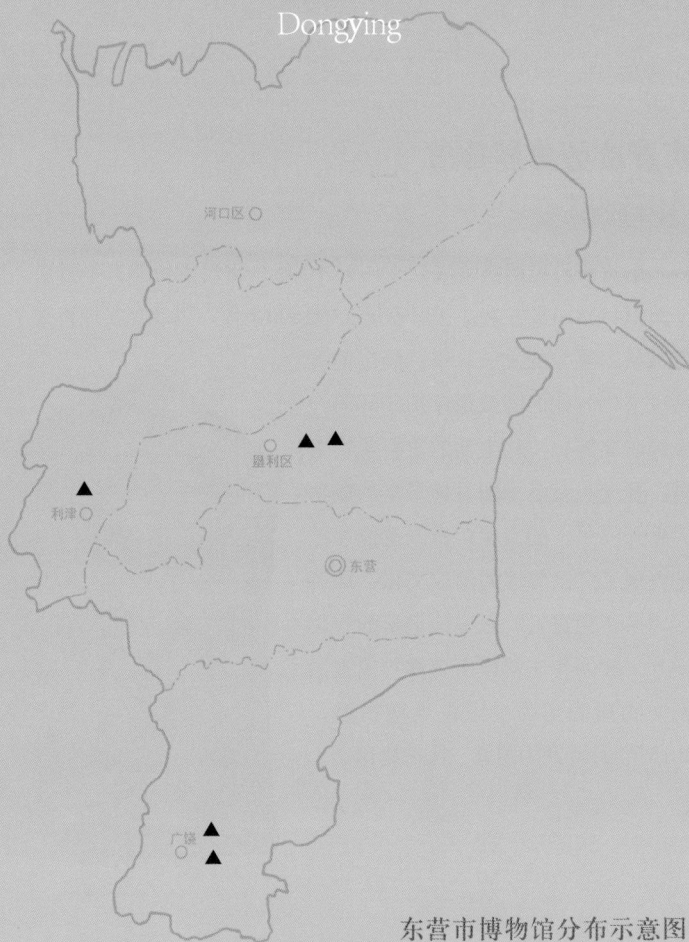

河口区 ○

盐利区 ○ ▲ ▲

◎ 东营

利津 ○ ▲

广饶 ○ ▲
▲

东营市博物馆分布示意图

东营市历史博物馆

总体概述

　　东营市历史博物馆成立于1993年5月，建筑面积6821平方米，展览面积4538.6平方米，展出珍贵文物1600余件，生动翔实地再现了东营市从古至今的发展脉络。展出的大汶口文化时期的陶鼓距今约5000年，成为研究先民文化生活的重要实物资料；开颅头骨是中国目前最早的成功实施开颅手术的实例；石刻造像展更是再现了广饶辉煌的佛教文化；1920年《共产党宣言》是中国最早的中文译本。2006年东营市历史博物馆被国家文物局确定为全国重点博物馆，2013年5月晋升为国家二级博物馆。

隋·张郭石造像

常设展览

　　史前文化展、历代钱币展、石刻造像展、渠展之盐、千年古县、广饶民俗风情展、吕剧起源与发展专题展、馆藏明清书画展、广饶县党史展

元·龙泉窑青釉瓜棱碗

1920年《共产党宣言》中文译本

参观服务

地址：东营市广饶县月河路270号

开放时间：周一闭馆，周二至周五夏季8:00—11:30、14:00—17:30，冬季8:00—11:30、13:30—17:00，免费开放

预约电话：0546-6925305

交通信息：乘1路公交车东营市历史博物馆下车

网址：www.dylb.cn/

垦利博物馆

总体概述

垦利博物馆位于垦利区群众文化中心A座三、四楼，成立于2012年，建筑面积6420平方米，展陈面积4800平方米。主要陈列本区出土文物、征集文物和革命文物，是展示垦利古代文明、弘扬民族传统文化、普及自然科学知识、进行爱国主义教育的重要基地。三楼两个展厅突出了垦利的移民特色文化和独一无二的黄河入海口特色文化。四楼展厅"黄河入海流"以垦利陆域历史沿革为主线分为八个部分：渠展之盐、河海边镇、大唐新域、丝路帆影、海融河汇、渤海后方、开垦有利、今朝垦利，荣获2013年度山东省十大精品陈列展览奖。

常设展览

"黄河入海流"、"神奇黄河口"、"拓荒垦利人"三个专题展厅

清·粉彩童子闹春图盖罐

清·粉彩昆虫花卉纹西瓜罐

参观服务

地址：东营市垦利区群众文化中心A座

开放时间：周一闭馆，周二至周日夏季8:00—11:30、14:00—17:30，冬季8:00—11:30、13:30—17:00，免费开放

预约电话：14768985550

交通信息：乘坐101、201、302、401路公交车在群众文化中心下车

网址：www.bwg.kenli.gov.cn/index.htm

中共刘集支部旧址纪念馆

中共刘集支部旧址纪念馆坐落在齐鲁明珠——大王镇，2005年7月1日落成开馆。纪念馆成立以来，充分发挥其爱国主义教育基地和党员教育基地的作用，成为爱国主义教育、革命传统教育的主阵地。旧址内按当时生活环境条件进行了复原，在白色恐怖的年代，为掩护地下革命工作者而特制的掩饰门、地道等设施再现了当年艰苦卓绝的斗争环境及革命先辈不屈不挠的革命精神。展厅内分图画文字展、文物展两部分，形象介绍了刘子久、刘良才等革命先辈的英雄事迹及刘集支部的革命启蒙作用。大型室外环比浮雕重点事迹展，形象刻画了刘集党支部领导的如火如荼的革命斗争场景。

常设展览

支部旧址复原陈列展、简史陈列展、大型室外环比浮雕重点事迹展

参观服务

地址：广饶县大王镇刘集后村

开放时间：周一闭馆，周二至周五夏季8：00—11：30、14：00—17：30，冬季8：00—11：30、13：30—17：00

预约电话：0546-6852555

交通信息：广饶汽车站换乘6路公交车大王汽车站下车，南行约600米路西

网址：www.hongseliuji.com

利津县博物馆

总体概述

利津县博物馆于2011年10月26日正式对外开放，占地面积约1.4万平方米，建筑面积7168平方米，展厅面积6410平方米。馆藏文物3706件，其中国家一级文物1件，二级文物3件，三级文物53件。展馆通过实景还原、雕塑、沙盘、图片、实物、影像等方式，展现"铁门雄关、东津古渡、凤凰名城"的千年沧桑，展示利津经济社会的发展成就和宏伟蓝图。

常设展览

历史文化厅、党史国史厅、城市规划厅、多功能厅

清·凤鸟镂空白玉带扣　　　　　　明·青玉杯

参观服务

地址：利津县大桥路999号

开放时间：周一闭馆，周二至周五夏季8：00—11：30、14：00—17：30，冬季8：00—11：30、13：30—17：00，免费开放

预约电话：0546-5611277

交通信息：乘坐利津至陈庄镇公交车至王庄站下车向北直行100米至冥王路，向西直行3000米路北

东营市渤海垦区革命纪念馆

总体概述

　　2006年4月28日开馆，建筑面积3200平方米，为两层主体三层仿古建筑。纪念馆设有9个展厅、1个报告厅和红色文化设施。展览分为抗日战争及解放战争革命史部分、民俗文化部分、现代名家书画部分。纪念馆现有馆藏实物763件，布展图片584幅，是传播垦区红色文化、移民文化的重要纽带。

参观服务

地址：东营市垦利区永安镇政府驻地

开放时间：周一到周日夏季8:00—11:30、14:00—17:30，冬季8:00—11:30、13:30—17:00

预约电话：0546-2661235

交通信息：乘坐垦利区6路公交车至丰源化工站下车北行50米

烟台市

Museums
of
Yantai

长岛

蓬莱市

龙口市

福山区

烟台

牟平区

招远市

栖霞市

莱州市

莱阳市

海阳市

烟台市博物馆分布示意图

烟台市博物馆

总体概述

　　烟台市博物馆成立于1958年，国家一级博物馆，现有馆址两处。新馆建筑面积17000平方米，位于烟台市中心文化广场最西端，总展览面积7000余平方米。馆藏文物总数达5.4万余件/套，包括石器、陶器、铜器、铁器、瓷器、书画、玉器、杂项和近现代文物等20多个门类，其中珍贵文物6000余件，一级文物62件。

西周·铜夔纹己侯壶　　　　　　　　　　秦·嵌铜诏版铁权

常设展览

设有"山海古韵"和"世纪之路"两个基本历史陈列，以及"笔墨丹青"、"许麟庐艺术馆"、"瓷苑掇英"、"绳墨神工"、"丹心乡情"、"古钱今览"等六个专题陈列

明·唐寅《灌木丛篁图》

参观服务

地址：烟台市芝罘区南大街61号

开放时间：周一闭馆，周二至周日9:00—16:00免费开放，法定节假日除外

预约电话：0535-6232976，团体观众和未成年人集体参观需提前预约，提供义务讲解

交通信息：市区乘坐1、2、5、10、44、45、46、52、61、62、80、86路公交车可达

网址：www.ytmuseum.com/

龙口市博物馆

总体概述

　　龙口市博物馆成立于1985年，坐落在全国重点文物保护单位丁氏故宅内，国家三级博物馆。龙口市博物馆重视文物收藏和文物展览，馆藏文物1.4万件，其中三级以上珍贵文物92件。藏品有青铜器、陶器、瓷器、玉器、书画、杂项等；现有展室23个，基本陈列5个，不定期举办临时展览。2009年5月，龙口市博物馆被评为国家三级博物馆。

　　丁氏故宅是丁氏家族"西悦来"遗存的部分宅居。丁氏为清代当铺世家，乾隆年间成为山东首富，号称"丁百万"。征召邑内外能工巧匠，营造宅第，鼎盛时有3000余间。现存建筑为清代中期建，房屋55栋计243间，具有胶东民居神韵。丁氏故宅内的复原陈列，展示了丁氏家族的生活原貌和胶东地区的民俗风情。

常设展览

莱国春秋

春秋·窃曲纹铜鼎

西周·窃曲纹铜辛簋

春秋·蟠虺纹铜盘

西周·龙形玉佩

参观服务

地址：龙口市东莱街137号

开放时间：免费开放，夏季8:30—12:00、14:00—17:30，冬季
8:30—12:00、13:30—17:00（夏季不闭馆，冬季周一闭馆）

预约电话：0535-3125652

交通信息：龙口市区乘坐2、3、4、5、6、7、8、9、10、11、12、
101、103、105路公交车可达

网址：www.dingshiguzhai.com/

莱州市博物馆

总体概述

莱州市博物馆是地方综合性博物馆，成立于1984年。馆藏文物7000余件，其中三级以上珍贵文物140件，有汉代盐印、北朝佛教造像、隋唐独木舟、明代龙凤金冠、成套的云峰刻石清代拓本等珍贵文物。现有以掖县展览馆为主的老馆和莱州市民之家的新馆两部分，展厅面积2000多平方米，展陈文物400余件。

汉·盐印

莱州市博物馆管理着全国重点文物保护单位——云峰山、大基山北朝摩崖刻石。

常设展览

"古邑春秋"莱州历史陈列展、莱州历代先贤书画展、云峰留墨书法展

参观服务

地址：莱州市西苑路5288号市民之家五楼

开放时间：周一、周四闭馆，夏季9:00—11:15 、15:00—17:30，冬季9:00—11:15、14:30—17:00，免费开放

预约电话： 0535－2211871，提前两天电话预约

交通信息：莱州汽车站坐6路车到市民之家站下车，坐5路车到北流村东站下车，坐2、8路公交车到广场公寓站下车

网址：www.lzsbwg.com

蓬莱古船博物馆

总体概述

　　蓬莱古船博物馆属于水城保护利用项目的第三期工程。蓬莱古船博物馆遵循原址建馆、原址保护的理念，建于蓬莱水城小海西南角，建造面积7276平方米，展陈面积5000平方米。古船馆以登州古港及其出土古船为主题，围绕"登州海道"、"起航之港"、"循海岸水行"、北方第一大港、"往返皆自登州"、"海防重镇"、"海漕中枢"等

唐·长沙窑黄釉褐彩贴花执壶

七个单元进行陈列布展，向公众完整清晰地展示了登州古船古港文化以及我国的船业史。"蓬莱古船博物馆基本陈列"展荣获2012年度全国博物馆十大陈列展览优秀奖。

参观服务

地址：蓬莱市迎宾路59号

开放时间：全年开放，夏季7:00—18:30，冬季7:30—17:00

预约电话：0535-5816868

交通信息：蓬莱市区乘坐1、2、5、6、7、8、9路公交车振扬门站下车

海阳市博物馆

总体概述

　　海阳市博物馆成立于1984年9月，占地面积10000平方米，馆舍面积7520平方米，馆藏文物7000余件。常设展览有深山君王梦——嘴子前出土文物专题陈列、历史文物陈列、非物质文化遗产精品陈列等。其中嘴子前出土文物专题陈列通过寝盂、铜匜、铜铺、七鼎九钟等珍贵青铜器、陶器、玉器的展示，对胶东半岛发现的级别最高、规模最大、葬制表现最完整的春秋贵族墓群所包含的文化内涵进行了精彩介绍，一部有关齐、陈两国的宫廷秘史以及王权争夺的"君王之梦"展现在观众眼前。

常设展览

　　深山君王梦——嘴子前出土文物专题陈列、海阳历史文物陈列、非物质文化遗产陈列

春秋·铜匜

春秋·铜甗

春秋·铜錍

参观服务

地址：海阳市文山街11号

开放时间：免费开放，周二至周日8:30—11:30、14:30—17:30
（11:00、16:30停止入场，参观时间随季节调整，周一及恶劣天气
闭馆）

预约电话：0535-3261915，团体参观需提前一天预约

交通信息：海阳市内乘坐2、5、6路公交可达

长岛县博物馆

总体概述

　　长岛县博物馆成立于1980年11月，占地5333.6平方米，总建筑面积1400平方米，其中陈列面积1040平方米。馆内收藏并展出有长岛各历史时期的文物、自然标本等，计10000余件。其中包括距今3.5万年前早期智人头盖骨化石、龙山文化时期黑陶精品——陶罍。

常设展览

　　长岛地方史陈列、长岛概况陈列

参观服务

地址：长岛县黄山路1号

开放时间：全年免费开放，8:00—11:30，14:00—17:30

预约电话：0535-3212881

交通信息：从蓬莱港乘船至长岛港，出港后乘坐出租车至长岛县博物馆

西周·虺纹铜鼎　　　　战国·提梁铜壶　　　　西汉·陶鸮尊

长岛航海博物馆

总体概述

　　长岛航海博物馆成立于1985年，馆址设在庙岛显应宫内，总占地面积14652平方米，建筑面积2560平方米，展览面积1320平方米。收藏并陈列文物、模型等，多层次、多侧面地反映我国古代人民征服海洋的历史过程，内容包括航海起源、中国古代航海发展史。

常设展览

　　航海史展、航海船模展、郑和下西洋专题展、妈祖文化展、妈祖文化交流展

大䑸艘模型

参观服务

地址：长岛县庙岛街道办事处庙岛村北庙岛显应宫

开放时间：全年免费开放，8:00—11:30、14:00—17:30

预约电话：0535-3213908

交通信息：长岛港乘船去庙岛旅游码头：5月1日—10月1日8:00去庙岛，11:00返回；13:30去庙岛，16:30返回。每天下午客运码头15:00去庙岛，第二天早上6:20返回长岛

蓬莱市登州博物馆

总体概述

　　登州博物馆2000年8月正式对外开放，当代著名书画家范曾题写馆名。作为国家首批三级博物馆，立足于蓬莱为古代北方海上丝绸之路重要港口的中心主题，围绕蓬莱为古登州府署所在地的主要脉络，通过数百件珍贵文物的展陈，如洪武铜炮、瓷器、钱币等，配以各类模型、照片、版图，全面、客观地展示地处胶东最北端政治经济文化中心的水下与陆上文明。

常设展览

　　登州博物馆文物精粹陈列展

参观服务

地址：蓬莱市迎宾路59号

开放时间：全年无休，免费开放，夏季7:00—18:30，冬季7:30—17:00

预约电话：0535-5668021

交通信息：蓬莱市区乘坐1、2、5、6、7、8、9路公交车直达振扬门站点，从振扬门换乘景区电瓶车可达博物馆

王懿荣纪念馆

　　王懿荣于1899年首先发现甲骨文，并确认为商代文字，使中国文字史上溯3600余年，被誉为"甲骨文之父"。王懿荣纪念馆始建于1989年，新馆总建筑面积4万平方米，展陈面积1.2万平方米，于2014年8月正式免费开放。主场馆由福山博物馆、王懿荣纪念馆、甲骨学发展史馆、福山籍五大名人艺术馆、福山美术馆、城市规划展示馆、福山剧院（保利院线）等部分组成，是集展览、教育、旅游于一体的综合性文化交流平台。

参观服务

地址：烟台市福山区河滨南路与王懿荣大街交汇处

开放时间：周一闭馆，周二至周日夏季9:00—17:00，冬季 9:00—16:30（法定节假日另行公告），免费开放

预约电话：0535–6356787

交通信息：乘坐302路区间、305路公交车至王懿荣纪念馆站下车，37路至王懿荣纪念馆南门站下车

烟台市牟平区博物馆

总体概述

　　烟台市牟平区博物馆2002年12月在原牟平区文物管理所的基础上成立，主要负责牟平区域内田野文物保护、馆藏文物的保护管理、陈列展览、地方历史研究等工作，是全国第三批免费开放的博物馆。现辖雷神庙战斗遗址、恤养院旧址、张颜山旧宅三个省级文物保护单位。

常设展览

　　胶东抗战第一枪——雷神庙战斗基本陈列、巍巍丰碑——胶东革命史图片展

明·杨继盛行书七言诗轴

参观服务

地址：烟台市牟平区雷神庙大街601号

开放时间：免费开放，5—10月8:30—11:00、14:30—17:00，11—4月8:30—11:00、13:30—16:30，周五、周日闭馆

预约电话：0535-4286655

交通信息：乘坐603路公交车车至雷神庙社区下车，南行约100米路西

鲁东大学博物馆

总体概述

　　鲁东大学博物馆坐落于烟台市鲁东大学校内乳子湖畔，成立于2016年6月，设有胶东清代书画馆、王树春书画馆、档案馆、校史馆、文学馆、主题展览馆、学术中心等分场馆。是集档案管理、利用，校史挖掘、展示，艺术品收藏、展览，学术交流、文化研究于一体的综合性场馆。目前馆藏作品主要有左懋第、高凤翰、王垿、丁佛言、王懿荣等明末清初至民国初年胶东地区的书画作品188件，鲁东大学美术学院王树春教授的书画作品158件，以及校史、档案等重要文献资料10万余件。各场馆均常年对外开放，定期举办系列主题展览及学术交流活动。

参观服务

地址：烟台市红旗中路186号

开放时间：周一闭馆，周二至周日8:00—17:00，免费开放

预约电话：0535-6266843

交通信息：乘坐16、52路公交车直达

网址：www.dag.ldu.edu.cn/

烟台美术博物馆

总体概述

　　烟台美术博物馆成立于1984年，是我国最早成立的地市级美术博物馆，集展览、收藏、研究和公共教育等职能为一体的公益性文化单位。展厅面积1500平方米，展线长度300余米。

　　烟台美术博物馆致力于为艺术家与观众打造高品质的公共文化服务平台，每年举办各类书画

1980年崔子范《花鸟图轴》

展览活动五十余场，开展以"烟台美术博物馆——您身边的美术馆"为主题的系列文化惠民活动。

1980年许麟庐《花鸟图轴》

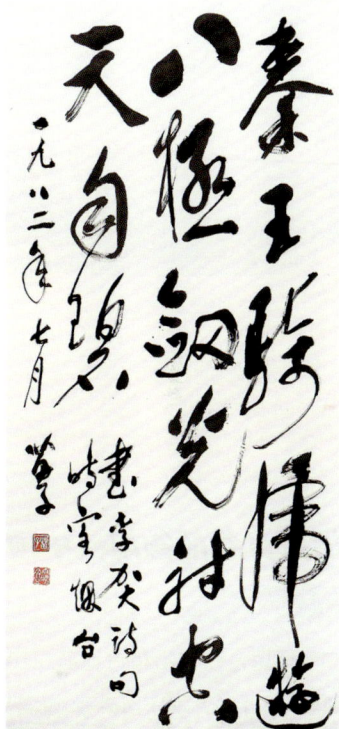

1982年黄苗子草书轴

参观服务

地址：烟台市芝罘区海岸路20号

开放时间：周一闭馆，周二至周日9:00—16:30，免费开放

预约电话：0535-6224973，团体参观需预约

交通信息：乘坐46、43路公交车烟台山医院下车

网址：www.ytmsbwg.com/

147

烟台自然博物馆（中国地质博物馆烟台馆）

总体概述

　　烟台自然博物馆占地面积100亩，建筑面积2.63万平方米，展陈面积1.3万平方米，室外景观8处，室内厅馆14个，馆藏标本上万件，是一个以矿产为重点，以黄金为特色，自然科学与人文艺术交相辉映的主题博物馆。

常设展览

　　内设主题序厅、地球厅、化石厅、矿产厅、黄金厅、生物厅、观赏石馆、甲骨文之父王懿荣馆、美术馆、内画馆、古钱币馆、根雕馆等14个厅馆

参观服务

地址：烟台市高新区滨海中路2001号
开放时间：全年开放（除夕初一初二初三除外），夏季5—10月
8:00—17:00，冬季11—4月8:30—16:30
预约电话：0535-6762520、6762521
交通信息：乘坐17、61路公交车到东泊子站下车

烟台张裕酒文化博物馆

总体概述

　　1892年，著名爱国侨领张弼士先生投资300万两白银，创办了中国第一家葡萄酿酒企业——张裕酿酒公司。1992年，张裕酒文化博物馆在烟台芝罘湾张裕公司老厂址落成。2002年9月8日，扩建后的博物馆正式对外开馆，是中国第一座专业化葡萄酒博物馆、国家二级博物馆，其中张裕地下大酒窖为第七批全国重点文物保护单位。博物馆全方位展现了张裕发展历程及灿烂的葡萄酒文化，主要由酒文化广场、综合大厅、历史厅、影视厅、现代厅、字画厅、珍品厅、地下大酒窖、中国国际葡萄酒博物馆、1892俱乐部等组成。在这里可以领略张裕厚重的历史，鉴赏名家的墨宝，感受三维立体成像和地面互动投影的神秘，探寻亚洲最古老的地下酒窖中百岁桶王的奥妙，体验酒窖中"DIY"自酿美酒的乐趣，观摩"会动的"橡木桶和软木塞制作工艺，同时还可以看到以张裕文化和烟台文化为特色的馆藏酒工艺品等珍品，开瓶器、醒酒器、保鲜器、瓶塞、杯具等葡萄酒专业器具。

1915年巴拿马金奖奖牌

1928年张裕金星高月白兰地

参观服务

地址：烟台市大马路56号

开放时间：8:00—17:00，全年开放

预约电话：0535– 6633860，团体参观需提前三天预约

交通信息：市区内乘3、6、17、18、43、45、46、50、K61等多条线路直达景区

网址：www.changyu.com.cn/explore/whbwg.html

北极星钟表文化博物馆

　　北极星钟表文化博物馆是国内第一家以钟表文化为主题的博物馆，建筑主体是百年历史文物保护建筑群。北极星钟表文化博物馆堪称钟表王国，汇集了古今中外钟表奇观。中国古代计时仪器展厅，展有4000年前的钟表祖先——"陶寺观象台"，有2000年以前的"太阳钟"、"水钟"，世界第一钟之称的宋代"水运仪象台"。近现代钟表展厅展有200多年前西方国家进贡给清朝皇帝的英国钟、法国钟，还有中国第一钟、第一只手表、第一代航天表等珍贵文物。科技趣味钟表展厅有仿声钟、没有发条的滚钟、空气钟、400天钟、魔幻钟等。世界古典钟展厅展有慈禧用过的德国年钟、末代皇帝溥仪用过的日本莲花钟、前国家主席刘少奇家用过的德国宝顶钟、张学良夫人用过的爱知音乐钟。世界钟表珍品展厅内有17、18世纪稀世珍品法国艺术钟。

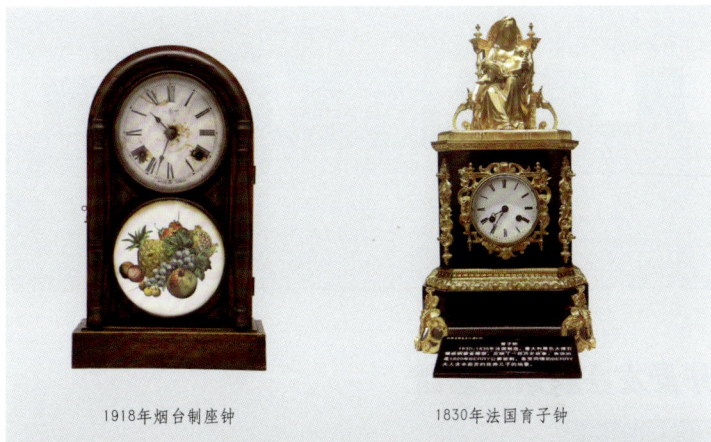

1918年烟台制座钟　　　　　　　1830年法国育子钟

参观服务

地址：烟台市芝罘区滨海景区1—5号

开放时间：周一至周日9:00—16:30

预约电话：0535-6611259

交通信息：烟台市区乘坐3、6、18、28、350路公交车在北极星钟表站下车步行至广仁路，乘坐32、43、46路公交车在烟台山医院下车步行至广仁路

许世友在胶东纪念馆

总体概述

　　许世友在胶东纪念馆建筑面积约1630平方米。纪念馆外观采用胶东传统民宅四合院的形式，与旧址区民宅相匹配。馆内展陈以"军爱民"精神为主题，集中打造"传奇许世友"、"军民血肉情"、"胶东子弟兵"三大板块，全面展示了许世友将军传奇的一生，凸显出战时军民情深以及胶东子弟兵的丰功伟绩。

参观服务

地址：海阳市郭城镇战场泊村425号

开放时间：周二至周日8:30—15:30（15:10停止入馆），周一及雨雪等恶劣天气闭馆，免费开放

预约电话：0535-3650678

交通信息：乘坐海阳—郭城汽车在纪念馆站下车

栖霞和壹自然博物馆

总体概述

　　栖霞和壹自然博物馆属非国有博物馆，现有馆藏品32508件，动物标本、骨骼、动物复制品为主要收藏品。馆内分设五个主题展厅，按照动物生存栖息地的分布属性分列不同的展示单元，采用声光电等特效，侧重现代科技展示手段的提升，创建科普互动区、体验区，增强博物馆科普展示的互动体验性、趣味性。两个临展区可以接纳摄影、讲座、艺术绘画等多元文化展示内容。

参观服务

地址：栖霞市跃进路72号

开放时间：周一闭馆，周二至周日9:00—17:00（16:30停止入馆），法定节假日另行通知，免费开放

预约电话：0535-3148666

交通信息：栖霞汽车站西1.5公里

网址：www.heyi.tm

潍坊市

Museums
of
Weifang

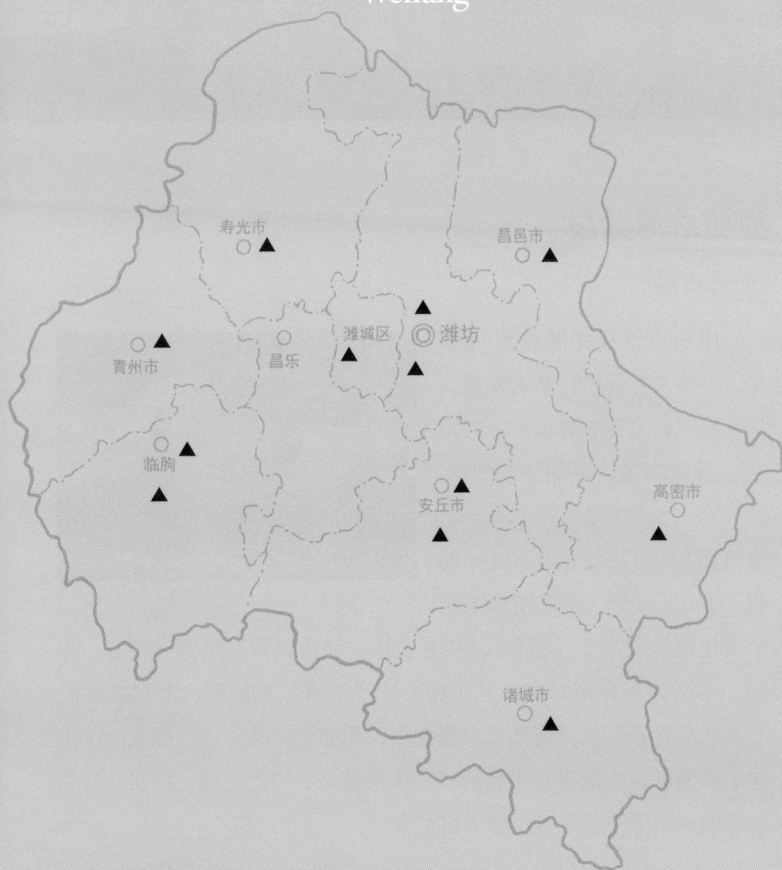

寿光市 ▲

昌邑市 ▲

青州市 ▲

昌乐

潍城区 ▲ ◎潍坊
▲

临朐 ▲
▲

安丘市 ▲
▲

高密市 ▲

诸城市 ▲

潍坊市博物馆分布示意图

潍坊市博物馆

总体概述

潍坊市博物馆始建于1962年，是集文物保护、考古发掘、学术研究、宣传教育于一体的国家一级博物馆。新馆于1999年建成，占地面积2.4万平方米，建筑面积1.9万平方米，展厅面积10340平方米，是潍坊市重要

的文化窗口和坐标。馆藏文物7万余件，涵盖化石、陶器、瓷器、青铜、书画、造像等33类。其中距今二三十万年前的原齿象属新种的"潍坊象化石"，"薄如纸，黑如漆，明如镜，亮如瓷"的龙山文化薄胎高柄杯，中国现存年代最早、体量最大的唐代铁佛，扬州画派郑板桥的"峭壁兰图"等，皆为馆藏珍品。

常设展览

潍坊简史、馆藏字画、潍坊民俗及民间艺术展览、石刻艺术长廊

清·棠梓清芬书画册页

参观服务

地址：潍坊市东风东街6616号

开放时间：周一闭馆，周二至周日，夏季9:00—17:00，冬季9:00—16:30，节假日另行通知

预约电话：0536-8889722转8017、8865529，集体参观50人以上需持介绍信提前两天预约并填写预约参观登记单，每次限300人以内

交通信息：乘公交车环16、21、50、72路、旅游观光巴士1路可达

网址：www.wfsbwg.com

青州市博物馆

总体概述

　　青州市博物馆始建于1959年。新馆1984年奠基，1986年对外开放，占地2.8万平方米，建筑面积1.2万平方米，陈列面积达7000平方米。2008年被评为国家一级博物馆，年均观众接待量达到50万余人次。现有馆藏文物5万余件，国家珍贵文物3000余件，门类齐全，包括陶瓷、青铜、书画、石刻、玉器、杂项等，其中有世界闻名的龙兴寺遗址出土佛教造像、"海内外孤本"明赵秉忠殿试卷、东汉"宜子孙"玉璧、青州香山汉墓出土彩绘陶俑等。

元·青花玉壶春瓶

东汉·"宜子孙"玉璧

常设展览

　　青州历史、龙兴寺佛教造像精品、陶瓷精品、古代书画艺术、石刻雕塑、石刻碑碣

参观服务

地址：青州市范公亭西路1号

开放时间：全年开放，冬季（10月至次年4月）9:00—16:30（16:00停止发票），夏季（5月至9月）9:00—17:00（16:30停止发票）

预约电话：0536-3266219

交通信息：市内乘坐3、22、23路车长城大酒店站下车

网址：www.qzbowuguan.com/

山东临朐山旺古生物化石博物馆

总体概述

　　山东临朐山旺古生物化石博物馆是国家三级博物馆，占地10000平方米，建筑面积4000平方米。藏品总量97565件/套。馆藏山旺化石以其门类齐全、精美完好，被誉为"世界之最"；龙山文化玉

器，代表了海岱地区琢玉工艺的最高水平；上古方国斟鄩青铜器，对研究两周时期的青铜文化具有重要意义；北朝佛教造像，雕刻工艺精湛，贴金彩绘保存之完好，实属罕见，堪称"国宝"；崔芬墓壁画填补了我国美术史上这一时期墓葬壁画的空白。

常设展览

民俗文物、山旺化石、佛教造像、石刻碑碣、历史文化展

唐·佛顶尊胜陀罗尼经幢

北齐·菩萨像

参观服务

地址：临朐县城山旺路1167号
开放时间：全年开放，8:30—11:40，夏季14:00—17:30，冬季13:30—17:00
预约电话：0536-3212138、3188380
交通信息：乘坐8、101路公交车到博物馆站下车
网址：www.lqshanwang.org

西周·铜上曾太子般殷鼎

高密市博物馆

　　高密市博物馆始建于1995年6月，新馆位于文体中心，于2009年5月建成，建筑面积近4200平方米。馆藏文物5000余件，其中国家一级文物3件/套，二级文物5件/套，三级文物197件/套。馆内有民俗厅、文物厅、年画厅、历史名人馆、高密近现代史展厅五个展厅，民俗厅入选首届"山东省博物馆、纪念馆十大精品陈列"。

汉·陶井圈

汉·玉鹦鹉

参观服务

地址：高密市康城大街东首文体公园内
开放时间：周一及春节期间闭馆，9:00—11:00、14:00—16:00，免费开放
预约电话：0536-2305315
交通信息：乘5路公交车文体公园站下车

164

昌邑市博物馆

总体概述

  昌邑市博物馆位于文山西麓、潍河东岸，建成于1997年，占地面积42.71亩，建筑面积5500平方米。整个建筑采用传统的殿堂式结构，宏伟壮观且具民族特色。现有馆藏文物87000余件，以书画、碑帖、碑刻为收藏特色。其中国家珍贵文物272件，商代的青铜重器"邓共尊彝盉"、明代的"饕餮纹白玉碗"、清代的"黄元御医术手稿"等在国内外享

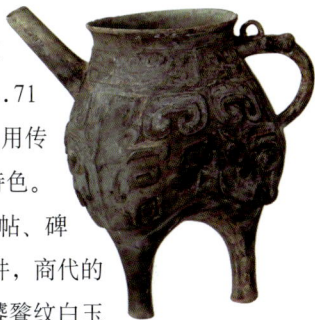

商·铜邓共尊彝盉

有较高声誉。对外开放历史、文物、民俗、丝绸四个基本展厅，是展示昌邑历史与文化的窗口单位。

明·饕餮纹白玉碗

参观服务

地址：昌邑市利民街5号

开放时间：周三至周日 8:30—11:30、14:30—16:30，免费开放

预约电话：0536-7227015

交通信息：乘坐3路公交车至中国人寿保险公司站下车，沿利民街东街东行500米

安丘市博物馆

　　安丘市博物馆始建于1990年，占地面积9960平方米，馆舍面积1650平方米。馆藏文物3000余件，其中国家一级文物8件、二级文物48件、三级文物286件。主体建筑陈列楼建筑面积1400平方米，内设欧亚美艺术陶瓷展厅、鞠国栋徐美芳夫妇捐赠藏品展厅、书画展厅等五个展厅，以及全国重点文物保护单位安丘董家庄汉画像石墓。

龙山文化·玉璇玑　　　　大汶口文化·陶鬶　　　　龙山文化·玉铲

参观服务

地址：安丘市潍安路127号

开放时间：周一闭馆，8:30—11:00 、14:00—16:30，免费开放

预约电话：0536-4222256

交通信息：自安丘市汽车站（始发站）乘1、3、12路公交车至百盛商厦站下车北行50米路西人民公园内

寿光市博物馆

总体概述

　　寿光市博物馆成立于1984年，是一座综合性地志博物馆。2009年底新馆建成并正式投入使用，建筑面积达7600平方米，展厅面积4000平方米。馆藏文物14万余件/套，展示了寿光自远古至清代不同时期的历史文物、盐业发展等内容。开馆以来，曾举办过"世纪海洋公园主题展"、"田园情韵书画展"、"佛教绘画作品展"等多个不同类别的展览。

大汶口文化·褐陶鬶

常设展览

　　寿光简史陈列、文物专题陈列

商·兽面纹铜鼎

参观服务

地址：寿光市金海南路181号文化中心三楼博物馆
开放时间：周一至周日，冬季8:30—11:00、13:30—16:30（16:00停止入场），夏季9:00—11:00、13:00—16:30（16:00停止入场），免费开放
预约电话：0536-5290556
交通信息：市内乘K13、1、20、9路可达

诸城市博物馆

总体概述

　　诸城市博物馆是地志性综合博物馆，占地面积58780平方米，建筑面积3万平方米，总展陈面积2.2万平方米，现有各类文物藏品5万余件。陈列展出包括铜鹰首壶、铜投壶、铜编钟、铜獬豸、卢舍那丈八佛石雕头像、大明宣德碗等国宝级珍贵文物在内的近6000件珍贵历史文物。2013年被评为国家二级博物馆。"北朝神韵——诸城佛教造像艺术陈列"在第九届（2009—2010年度）全国博物馆十大陈列展览精品评选中获得"新材料、新技术运用"单项奖。

常设展览

　　石刻艺术、佛造像艺术、诸城通史、书画揽珍、陶瓷艺术、文房珍宝、远古奥秘、根雕艺术、诸城非物质文化遗产展、诸城名人

东周·鹰首提梁铜壶

北魏·铜佛像

参观服务

地址：诸城市和平北街125号

开放时间：周一闭馆，周二至周日夏季8:30—12:00、14:00—18:00，冬季8:30—12:00、13:30—17:30，免费开放

预约电话：0536-6062562

交通信息：市内乘坐7、11、12路旅游专线车直达博物馆

陈介祺故居陈列馆

总体概述

　　陈介祺是中国近代最大的民间古文物收藏家，更是晚清时期中国最杰出的金石学家和古文字学家。陈介祺故居陈列馆位于潍城区芙蓉街北首，1993年4月落成开馆。国画艺术大师刘海粟亲笔题写"万印楼"匾额，书法艺术大师启功题"陈介祺故居陈列馆"匾牌。陈列馆现存古建筑三座，建筑面积377平方米。1992年陈介祺故居"万印楼"被山东省人民政府公布为省级重点文物保护单位。馆内基本陈列分为金石人生、宗仰海内、贡献杰出、功垂后世、学术领域、奉为山斗三大部分。

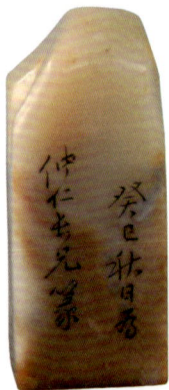

清·青田石印

清·陈介祺鞠绽黄香对联

参观服务

地址：潍坊市潍城区芙蓉街北首77号

开放时间：周一至周五9:00—11:30、14:00—17:00 ，节假日另行通知

预约电话：15725656539，团体参观需提前电话预约

交通信息：乘坐67、23、环16、59、76、3、82、环62、22、35、38、11、63路公交车可达

潍坊十笏园博物馆

总体概述

　　潍坊十笏园古建筑群由十笏园、丁氏民居、关帝庙和孔融祠组成，总占地面积10400平方米。1988年被国务院公布为全国重点文物保护单位。十笏园的主体建筑砚香楼始建于明嘉靖年间（1522—1566），清光绪十一年（1885）潍县首富丁善宝重修扩建为私人花园，因建筑小巧玲珑，占地少，被喻为"十个笏板"，清末潍县状元曹鸿勋题名为"十笏园"。园内建有亭台楼榭、斋堂殿阁、回廊、小桥曲径相通，假山、鱼池、奇花、垂柳点缀其中，布局紧凑。此外，还有春雨楼、漪岚亭、四照亭，"稳如舟"、"小沧浪"、小瀑布等，一步一景，是我国北方地区具有江南特色的园林之一。2007年，潍坊市政府批准成立潍坊十笏园博物馆，为这座百年名园又增添了新的内涵。

龙山文化·兽面纹玉琮

明·龙泉窑梅瓶

参观服务

　　地址：潍坊市胡家牌坊街49号
　　开放时间：5—9月8:30—17:30，10—4月8:30—17:00
　　预约电话：0536-8321749
　　交通信息：市内乘坐公交22、62、82、23、环16、3、32、76路到十笏园站下车
　　网址：www.wfshybwg.com

临朐大唐红丝砚博物馆

总体概述

　　大唐红丝砚博物馆是一家集收藏、保护、研究、展示、宣传红丝砚文化为一体的专题性展馆，也是国内首家红丝砚博物馆。博物馆展厅面积1800平方米，分设红

金玉满堂砚

丝砚历史陈列、历代经典古砚、精品红丝砚等展厅，馆藏精品红丝砚500余方。

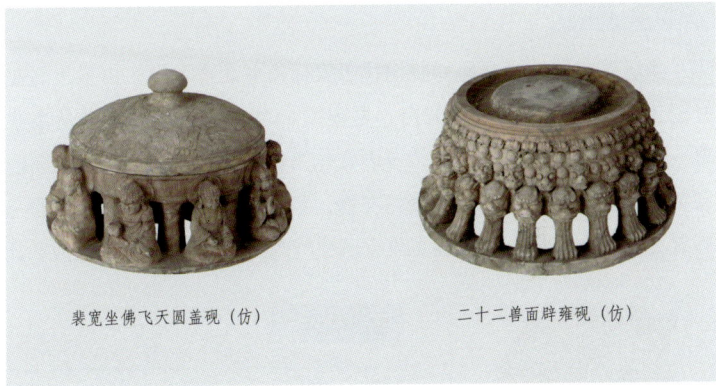

裴宽坐佛飞天圆盖砚（仿）　　　　二十二兽面辟雍砚（仿）

参观服务

地址：临朐县东环路5018号

开放时间：周一及春节期间闭馆，周二至周日8:30—11:30、13:30—17:30，免费开放

预约电话：0536-3356611

交通信息：乘1（东城线）、6、10路公交车窦家庄站下车

潍坊齐鲁酒地酒文化博物馆

总体概述

　　潍坊齐鲁酒地酒文化博物馆位于安丘市城北青龙山，由景芝酒业投资建设，总规划面积8000亩，是国家4A级旅游景区。主要从事收藏、展览活动，以研究中国传统酒文化为指导方针，征集全国范围内有关酿酒、藏酒、盛酒、饮酒的文物，包含国内外各个历史时期的与酒有关的文物，让人们对酒文化有更深刻的研究和了解。

参观服务

地址：安丘市新安街道青龙山

开放时间：全年开放，8:00—17:00

预约电话：0536-8025959

交通信息：自安丘市汽车站乘坐10路公交车至齐鲁酒地站下车

网址：www.qilujiudi.com/

济宁市

Museums
of
Jining

济宁市博物馆分布示意图

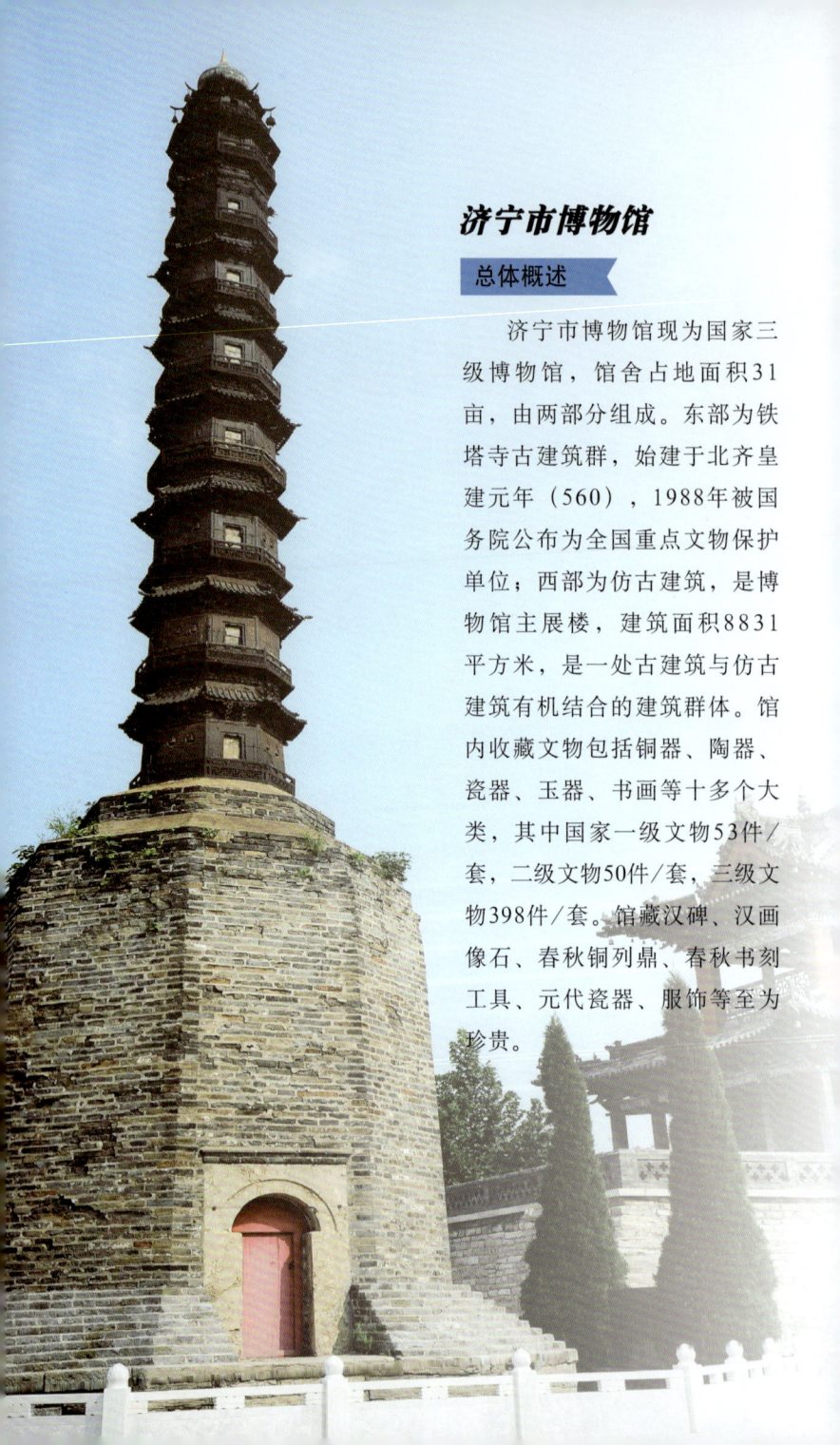

济宁市博物馆

济宁市博物馆现为国家三级博物馆，馆舍占地面积31亩，由两部分组成。东部为铁塔寺古建筑群，始建于北齐皇建元年（560），1988年被国务院公布为全国重点文物保护单位；西部为仿古建筑，是博物馆主展楼，建筑面积8831平方米，是一处古建筑与仿古建筑有机结合的建筑群体。馆内收藏文物包括铜器、陶器、瓷器、玉器、书画等十多个大类，其中国家一级文物53件/套，二级文物50件/套，三级文物398件/套。馆藏汉碑、汉画像石、春秋铜列鼎、春秋书刻工具、元代瓷器、服饰等至为珍贵。

常设展览

济宁千秋、济宁精品文物、中国运河之都——济宁、朱复戡艺术馆

春秋·玉佩

元·青花玉壶春瓶

春秋·铜提梁薛侯行壶

参观服务

地址：济宁市任城区古槐路78号

开放时间：周一闭馆，5—10月9:00—11:30、14:00—17:30，11月—4月9:00—11:30、13:30—17:00，闭馆前30分钟停止入场，法定节假日另行通知，免费开放

预约电话：0537-2203278、2205009

交通信息：乘坐6、16、20、26、28、31、101路公交车直达博物馆门口

网址：www.jiningmuseum.com/index.php

济宁市李白纪念馆

总体概述

　　太白楼原为唐代开元年间的一家贺兰氏酒楼，因李白常在此饮酒赋诗而得名，经历代修葺，延存至今1200余年。太白楼是我国正史《旧唐书》记载李白寄家济宁的历史见证，也是那个时代特有的文化符号。

号。现在的太白楼是1952年在高约4.5米的原州城墙旧址上重建的，延续了民国式建筑风格，坐北朝南，七开间，为两层重檐九脊歇山式砖木结构建筑。太白楼现存历代题咏原始碑刻近50方，成为国人瞻仰凭吊李白、传承民族文化的重要阵地。

常设展览

　　诗酒英豪·情系济宁——李白专题展

参观服务

地址：济宁市任城区太白楼中路27号

开放时间：周一闭馆（法定节假日除外），周二至周日9:00—11:30，14:00—16:30领票免费参观

预约电话：0537-2215390，团队参观需提前预约

交通信息：市区内乘坐1、2、8、16、19路公交车太白楼站下车

济宁市兖州区博物馆

总体概述

　　兖州区博物馆1984年8月建馆，2002年9月在原址落成新馆，总占地面积2万平方米，建筑面积7800平方米。兖州区博物馆系国家三级博物馆，现有馆藏文物90954件／套，其中国家一级文物29件、二级文物73件、三级文物499件。

明·白釉熏炉

常设展览

　　兖州历史文化图片展、文物精品展、文明曙光展、兖州记忆展和名家书画展

参观服务

地址：济宁市兖州区文化东路53号
开放时间：周一闭馆，周二至周日免费开放（国家法定节假日除外），8:30—11:30（11:00后停止入场），14:00—17:00（16:30后停止入场）
预约电话：0537-3412967
交通信息：兖州市区乘坐16路、环城1路公交车博物馆站下车

宋·舍利金瓶

邹城博物馆

　　邹城博物馆2002年6月29日建成开放，占地面积24500平方米，现为国家三级博物馆。馆内保存有邹城境内发现的各类文物12万余件，其中一级文物38件、二级文物76件、三级文物142件。

常设展览

　　"史前文物展"、"古代石刻展"、"古代青铜器展"、"文物精品展"等四个基本陈列与一个长期临展"历史文化展"

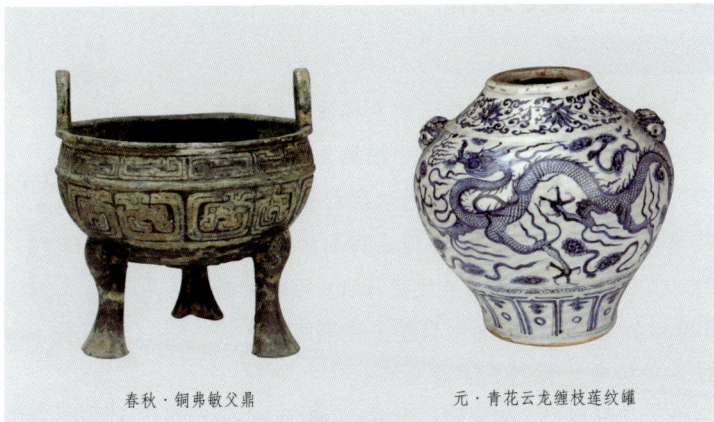

春秋·铜弗敏父鼎

元·青花云龙缠枝莲纹罐

西晋·石质围棋

参观服务

地址：邹城市顺河路56号

开放时间：周一闭馆，周二至周日8:30—12:00，14:00—17:00

预约电话：0537-5253301

交通信息：C609路城际公交、邹城市内16、17路到博物馆站下车

汶上县中都博物馆

汶上县中都博物馆位于汶上县城宝相寺景区内，是山东省县级博物馆中馆藏文物数量最多的博物馆之一。博物馆为双层双檐楼阁式建筑，双拱彩绘，雕梁画栋，高21米，占地2800平方米，2009年对外免费开放。馆藏文物50000余件，文物展品上自新生代第四纪更新世古菱齿象牙化石，下迄近现代文物。其细石器、陶瓷器，尤其是1994年3月15日太子灵踪塔出土的佛牙、舍利、金棺、银椁等佛教至高无上的圣物，成为馆藏文物的特色。

宋·舍利水晶瓶

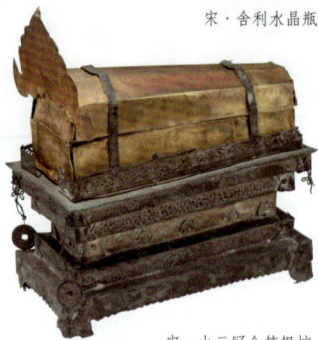

宋·火云冠金箔银棺

参观服务

地址：汶上县城宝相寺路499号

开放时间：周一闭馆，周二至周日8:00—18:00，免费开放

预约电话：0537-7223501、7223502

交通信息：汶上县内乘坐4路公交车到宝相寺站下车，或汽车站向东十字路口南行5分钟可达

梁山县博物馆

总体概述

　　梁山县博物馆成立于1988年，占地面积560平方米。目前馆藏文物1000余件／套，包括陶器、瓷器、玉器、石刻画像、青铜器、钱币、古籍等十余大类，其中二级文物5件／套，三级文物88件／套，尤其是水浒文化和文物精品展示成为该馆一大特点。

常设展览

　　文物精品展、陶器展、水浒文化展、梁山民俗文化展

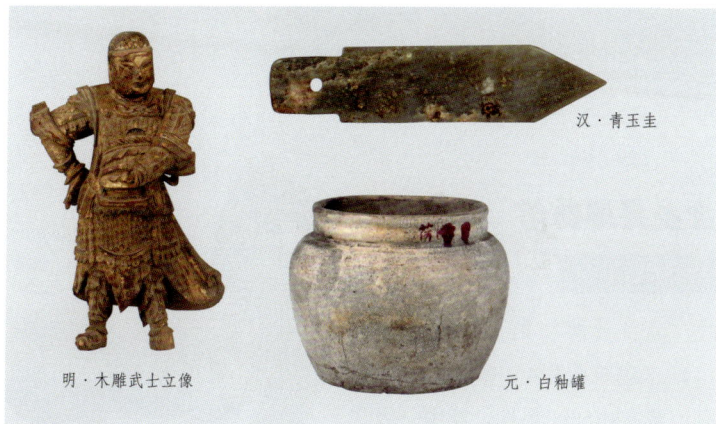

汉·青玉圭

明·木雕武士立像

元·白釉罐

参观服务

地址：梁山县水泊东路43号

开放时间：周一闭馆，周二至周日8:00—18:00，免费开放

预约电话：0537-3228181

交通信息：乘坐2、1路公交车百货大楼下车向东200米或乘坐3路直达博物馆门口

金乡县博物馆

总体概述

　　金乡县博物馆占地面积100亩，总建筑面积4500平方米，现有馆藏文物5000余件，其中一级文物25件，二级文物6件，三级文物214

汉·彩绘陶马

件。展馆恢弘大气，独具一格，用迂回交错的现代建筑艺术风格和天然光线达到亲和、自由的观赏效果，将金乡发展历史一幕幕铺陈出来。主要展厅包括文物陈列馆、书画展览馆、文物修复与保护馆、学术研究室等。

常设展览

金乡陶器展、金乡历代名人展、金乡记忆、金乡精品文物展

汉·渔山刻石

参观服务

地址：金乡县羊山军事旅游度假区内

开放时间：5—10月9:00—11:30、14:00—17:30，11—4月9:00—11:30、13:30—17:00，免费开放

预约电话：0537-8703838

交通信息：从金乡县汽车站坐103路公交车至终点站即达

嘉祥武氏墓群石刻博物馆

总体概述

　　嘉祥武氏墓群石刻博物馆位于嘉祥县纸坊镇武翟山村村北，占地面积7000余平方米，现有阙室、陈列室和西长廊共三个展厅，共600余平方米。阙室、陈列室两个展厅都是汉代建筑风格，西长廊为硬山式建筑风格，阙室、陈列室展厅位于武氏墓群石刻博物馆中轴线上，西长廊位于院落西南部。博物馆主要文物有石狮、石阙各一对、汉碑两通、清代发掘的武氏墓群石刻记事碑十通、汉画像石四十六块。汉画像石画面分现实生活、历史故事、神话传说三类，从不同角度生动地展现了汉代及以前的政治、经济、军事、文化、意识形态、风土人情等方面的场景。另收藏有嘉祥县出土其他画像石百余块、隋碑一方、清墓志铭四盒、黄庭坚书法刻石（明）四块。

东汉·武氏祠前石室西壁下画像石

参观服务

地址：嘉祥县纸坊镇武翟山村村北

开放时间：8:30—17:30，全年免费开放

预约电话：0537-6853702

交通信息：济宁经105国道至机场路，然后经旅游专用线到达嘉祥武氏墓群石刻博物馆；济宁经呈祥大道至嘉祥县城，然后经省252线至纸坊镇武翟山村即到嘉祥武氏墓群石刻博物馆

东汉·武梁祠东壁画像石

兖州太阳纸文化博物馆

总体概述

太阳纸文化博物馆占地面积3000平方米，2011年6月正式开馆启用。博物馆共分为造纸历史文化展区、企业概况展区、低碳经济循环产业展区、科技兴企展区、纸张应用展区、环幕影院、企业综合文化展区、未来规划与发展展区、销售与服务网络展区、互动体验区。通过使用LED电子屏和电子触摸屏等声、光、电全景设备，用图片、文字、实物、影像资料等多种形式，打造了一条从上古结绳记事到东汉蔡伦造纸再到现代造纸文明的纸文化历史长廊，艺术观赏性极强，具有较高的学术研究水平和科普教育价值。

参观服务

地址：济宁市兖州区友谊路1号

开放时间：周一闭馆，周二至周日8:00—12:00、14:00—17:30，免费开放

预约电话：0537-7928006

交通信息：兖州区乘坐6路公交车友谊路1号下车

泰安市

Museums
of
Taian

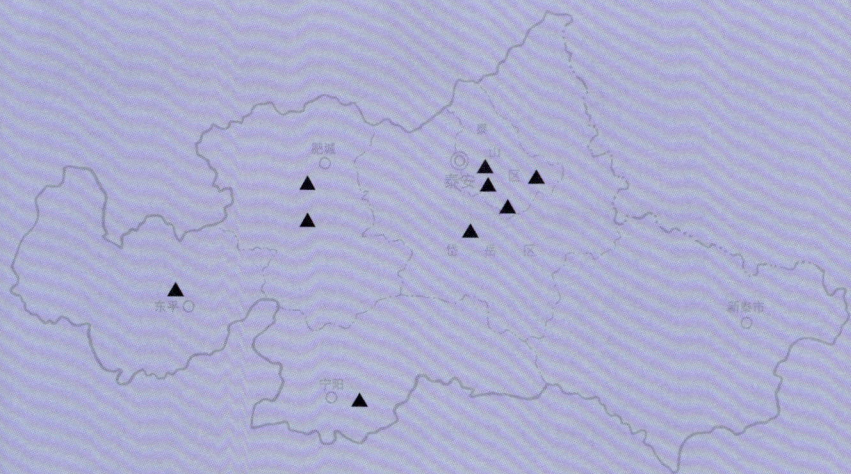

泰安市博物馆分布示意图

泰安市博物馆

总体概述

泰安市博物馆是一座集文物、园林、古建筑于一体的综合性博物馆，1986年依托岱庙建馆，是保护、研究和展示泰山历史文化遗产的教育机构和泰安市对外宣传的重要窗口。现为国家二级博物馆，馆藏文物两万余件，其中一级文物139件/套，三级以上文物3637件/套，代表性藏品为岱庙旧藏泰山祭器。泰安市博物馆也是全国古籍重点保护单位，现存古籍近4万册，其中善本700余种1万余册。

博物馆的重要载体——岱庙，始建于汉代，是中国古代帝王供奉泰山神灵、举行祭祀大典的场所，总面积10万平方米，是泰山现存规模最大的古建筑群，1988年被国务院公布为全国重点文物保护单位。主体建筑——天贶殿，创建于宋代，采用中国古代建筑最高规格营造，为中国古代三大宫殿式建筑之一。殿内大型壁画——《泰山神启跸回銮图》，是我国现存道教壁画的上乘之作，具有极高的历史和艺术价值。岱庙碑碣林立，现存自秦汉以来的历代碑碣石刻300余通，素有"岱庙碑林"之称。

常设展览

历代碑刻陈列、汉画像石陈列、历代石雕陈列、地质博物馆陈列

清乾隆·沉香木狮子

参观服务

地址：泰安市泰山区东岳大街191号

开放时间：3—4月7:50—17:30，5—8月7:50—18:00，9—10月7:50—17:30，11—2月7:50—17:00

预约电话：0538-8209629

交通信息：乘坐3、4、6、15、24、33、36、39、45、64路公交车可达。岱庙位于登泰山的历史文化轴线上，下山的游客可径直从岱庙北门进入游览

网址：www.daimiao.cn

清乾隆·温凉玉圭

明·黄釉青花葫芦瓶

冯玉祥泰山纪念馆

总体概述

　　冯玉祥泰山纪念馆是为纪念中国近现代杰出的爱国将领冯玉祥而建的纪念性展览馆，1984年创办，2005迁至辛亥滦州起义革命烈士祠。以"爱国、治学、亲民"为陈列主题，以冯玉祥先生在泰山隐居期间的工作生活和对外交往等活动留下的大量珍贵史料为内容。分为四个展厅，陈列有冯玉祥先生遗物200余件，照片1000余幅。纪念馆院内有周恩来祝寿碑、冯玉祥及其夫人李德全石像、冯玉祥诗画碑48块和标语碑4块，另外还有冯玉祥题刻"梅花岗"等石刻十余处，展陈面积466平方米。

　　冯玉祥泰山纪念馆所在的辛亥滦州起义革命烈士祠，是1933年冯玉祥在泰山时为缅怀滦州起义烈士而建的，2006年被公布为全国重点文物保护单位，占地面积3200平方米，建筑面积590平方米。

参观服务

地址：泰安市泰山区普照寺路130号

开放时间：8:00—17:00，全年免费开放

展馆电话：0538–5369254

交通信息：乘坐14、19、37、39、49路公交车普照寺路口站下车北行600米

东平县博物馆

总体概述

　　东平县博物馆于2011年10月建成开馆，建筑面积14006平方米，展厅面积9000平方米，馆藏文物34629件。建筑造型体现东平深厚的文化底蕴，突出汉文化、石文化、水文化三大特色，造型平面为"東"字，登高下望，博物馆就是一枚刻着"東"字的巨石印章。主体建筑为地上三层地下一层，二楼、三楼和地下室为主展厅，是东平县历史文化风貌的标志性建筑，目前已成为东平历史文化研究中心，展示东平、了解东平的重要窗口。

常设展览

　　文明起源展、陶器瓷器展、玉器青铜器展、精品石刻展、书画方志展、历史名人展、民俗风情展、东原文化展、汉画像石墓展

汉·博局纹铜镜

晋·错银铭文铜虎符

参观服务

地址：东平县城佛山街西隅，佛山街与宿昌路交界处

开放时间：每周三、五、七免费开放，9:00—11:00 、14:00—16:00（冬季），15:00—17:00（夏季），凭有效证件（身份证、驾驶证、军人证、老年证）登记参观

预约电话：18769826226

交通信息：博物馆东接105国道、西邻济广高速，东平县县政府西站点乘2、3路车，东平县汽车总站乘2、3路车至东平县博物馆下车

宁阳县博物馆

　　宁阳县博物馆占地面积3777平方米，建筑面积1200平方米，展厅面积约500平方米。现有馆藏文物10210件/套，其中三级以上文物486件/套。文物类别涵盖玉石器、宝石、陶器、瓷器、铜器、金银器、铁器、其他金属器、雕塑、造像等26大类。

宋·酱白釉四系瓶

常设展览

　　宁阳县历史文化展览、宁阳出土大汶口文化文物展

参观服务

地址：宁阳县城东街859号
开放时间：8:30—11:30，14:30—17:30，免费开放
预约电话：0538-5621219
交通信息：汽车站坐1路公交车宁阳文庙下车

商·铜爵

196

泰安市泰山石敢当博物馆

总体概述

　　泰安市泰山石敢当博物馆是一家专业展览泰山石敢当文化的博物馆，以研究泰山石敢当及其在国内外的影响，弘扬泰山石敢当、宣传泰山石敢当的敢当精神和责任意识，共同倡导平安文化为办馆宗旨。自2013年9月开馆以来，按照边筹集、边完善、边宣传展览的方式，坚持常年向公众免费开放。展览按照泰山石敢当形成、演变、传承、弘扬的历程，分为汉唐时期石敢当萌芽、泰山石敢当出现、泰山石敢当兴盛、两个中心区域的泰山石敢当、泰山石敢当的演变和传播途径、泰山石敢当民俗文化形式、泰山石敢当资料展示七个展区，展出具有代表性的图片、书画、文献、实物等藏品360件/套。

清·泰山石敢当

参观服务

地址：泰安市泰山大街西段（粥店桥东侧路南）

开放时间：周二至周日9:00—16:00 （15:40停止入场）

预约电话：0538-8855177　13290139266

交通信息：乘坐6、46、K37、34、38路公交车光彩站下车路东100米

泰安徂徕山抗日武装起义博物馆

总体概述

泰安徂徕山抗日武装起义博物馆是以磨山峪抗日旧址为基础兴建的一处进行革命优良传统教育和爱国主义教育的红色文化教育纪念基地。展馆全面展示徂徕山抗日武装起义打响党领导山东人民抗战第一枪的伟大壮举、八路军115师在山东的抗战历程以及山东抗日根据地创建发展历史，旨在弘扬徂徕山起义精神和爱国主义精神，切实践行"铭记历史、缅怀先烈、珍爱和平、开创未来"的宗旨。

抗日战争时期林浩同志使用过的怀表

常设展览

　　重点展示徂徕山抗日武装起义指挥部旧址、磨山峪烈士墓群，起义军将领的珍贵遗物，起义军使用的枪支长矛大刀以及缴获的日军战利品等文物藏品。

1938年徂徕山抗日武装起义军使用的土枪

参观服务

地址：泰安市岱岳区房村镇磨山峪村
开放时间：9:00—17:00，免费开放
预约电话：0538-5366386
交通信息：由泰安市区乘216、219路公交车黑石埠站下车东行2公里
网址：http://www.hscls.com

肥城桃文化博物馆

总体概述

　　肥城桃文化博物馆建筑面积1500平方米，馆藏桃木工艺精品3000余件，2014年9月正式开馆，并对社会免费开放。展馆设有肥城桃文化产业展示区、桃文化内涵展示区、桃文化民俗展示区、肥城桃木产业展示区、多媒体展示区、全国桃木旅游商品创新大赛区六个展区。

参观服务

地址：肥城市春秋古城景区
开放时间：8:00—11:30，14:00—17:30，免费开放
预约电话：13605382708
交通信息：市内乘坐K1、K11路公交车春秋古城站下车

泰安市泰山民俗博物馆

总体概述

　　泰安市泰山民俗博物馆于2011年6月筹建，建筑面积480平方米，展厅面积400平方米。博物馆以展示泰山民俗文化为主旨，展出藏品大致包含信仰、婚俗、节俗、食俗等主题，反映了不同时期泰山人的生活状况。

常设展览

　　泰山石敢当石刻展、泰安婚俗展、信仰民俗展、泰山酒俗展、泰山民俗展

参观服务

地址：泰安市环山路三合村韩家岭37号

开放时间：周一至周日9：00—18：00，免费开放

预约电话：0538-8588788

交通信息：市内乘坐19、37、39路公交车三合村下车往东100米

宋·泰山石敢当刻石

马家埠民俗博物馆

　　马家埠民俗博物馆由始建于元末明初的历史建筑丁家庙扩建而成。2012年马家埠村委开始筹建肥城市马家埠民俗博物馆,于2014年元旦落成开馆,并免费开放。设置生活起居厅、历史文化厅、生活器具厅、农耕生产厅、纺织服装厅、戏剧道具厅、村庄历史厅等七个民俗文化展厅和1个传统民俗体验区,展示历史文物和民俗文化藏品2100余件。

参观服务

地址: 肥城市安驾庄镇马家埠村内

开放时间: 全年免费开放,8:00—11:30、14:00—17:30

预约电话: 0538-3830879

交通信息: 肥城市汽车站乘坐到边院镇的公共汽车马家埠村下车

网址: www.fcmjb.com

威海市

Museums
of
Weihai

威海市博物馆分布示意图

威海市博物馆

总体概述

　　威海市博物馆是国家三级博物馆，创建于1993年5月，建筑面积10000多平方米。主要职责是征集具有历史、艺术、科学价值的可移动文物，以教育、研究和欣赏为目的，收藏、保护并向公众展示人类活动和自然环境的见证物。馆藏文物有3000余件，其中一级品1件，二级品11件，三级品156件。

常设展览

　　夷风古韵　威震海疆——威海历史文化展

战国·铜剑

参观服务

地址：威海市环翠区即墨路2A文化艺术中心三楼

开放时间：周一闭馆，周二至周日9:00—11:30、13:30—16:30，免费开放

预约电话：0631-5893012

交通信息：乘坐K3、K4、1、12、20、23、24、26、27、31、33、36、37、41等路公交车文化艺术中心（威家庄）站下车

威海市文登区博物馆

总体概述

　　文登区博物馆成立于1994年12月，原址位于市区柳营街57号丛氏宗祠旧址内。新址位于市区文山东路北侧城市文化商务区，建筑面积2.8万平方米，2011年10月正式投入使用，2011年11月免费对外开放。2013年，被国家文物局评为国家三级博物馆。

龙山文化·石铲

常设展览

　　日旸东方·文明曙光、秦诏天下·士学文登、圣山昆嵛·全真之道、齐东古韵·李龙故里、天福丰碑·红色热土、小城往事、鲁绣之乡、科学发展·锦绣文登、度量衡展

参观服务

地址：威海市文登区文山东路东首博展中心
开放时间：周一闭馆，周二至周日8:00—11:30、13:30—17:00，免费开放
预约电话：0631-8463463
交通信息：市区内乘坐4、10、D1路博展中心站点下车

中国甲午战争博物院

总体概述

中国甲午战争博物院，是以北洋海军和甲午战争为主题的纪念遗址性博物馆，馆址设在刘公岛原北洋海军提督署内，国家一级博物馆。博物馆现在开放的参观景点有北洋海军提督署、龙王庙、苏宝鸿收藏展览馆、丁汝昌寓所、北洋海军将士纪念馆、水师学堂、中国刻字艺术馆、东泓炮台、旗顶山炮台、中国甲午战争博物院陈列馆，总面积达10多万平方米。馆藏各类文物藏品4913件/套，其中近代一级文物70件/套。

中国甲午战争博物院是甲午战争纪念地的专门管理、保护机构，所辖北洋海军和甲午战争的历史遗迹28处。1988年1月，刘公岛甲午战争纪念地被国务院公布为全国重点文物保护单位。博物馆以丰富的历史遗迹和特色鲜明的陈列展示，吸引着海内外的广大观众，成为后人凭吊甲午故地，敬缅爱国将士，铭记历史教训，接受爱国主义教育的重要场所。

常设展览

国殇·1894－1895——甲午战争史实展、北洋海军提督署原状复原陈列、龙王庙原状复原陈列、丁汝昌寓所原状复原陈列、水师学堂原状复原陈列、中国刻字艺术展

北洋海军提督丁汝昌的短剑

北洋海军定远舰总管轮陈兆锵的指南针

北洋海军定远舰总管轮陈兆锵的怀表

参观服务

地址：威海市环翠区刘公岛丁公路

开放时间：全年免费开放，11－3月8:30—16:30（16:00停止入场），4—10月7:30—18:00（17:30停止入场）

预约电话：0631-5324184、5226357

交通信息：32路直达刘公岛客运中心；10、39路到威海二中下车步行至刘公岛客运中心

网址：www.jiawuzhanzheng.org

荣成博物馆

总体概述

荣成博物馆系国家三级博物馆，2001年正式开馆，是以展示荣成海洋文化、渔家风俗、人文历史、发展成就为主的综合性博物馆。总建筑面积2.8万平方米，展览面积1.2万平方米。馆藏文物精品文物15000件/套，其中一级文物3件、二级文物6件、三级文物62件。该馆集陈列展览、文物保护、科研教育、游览服务四大功能于一体，是荣成市的标志性文化建筑。

荣成博物馆现有3个基本陈列：渔家傲——荣成人与海、世纪荣成、千里海疆竞风流——荣成社会经济发展成就展、防腐倡廉廉政教育基地；8个专题展览：郭永怀事迹陈列馆、周韶华艺术馆、唐鸿珍中国画馆、彭昭俊艺术馆、张仲愈书法艺术馆、杜春辉油画等。

元·"行省都事之印"铜印

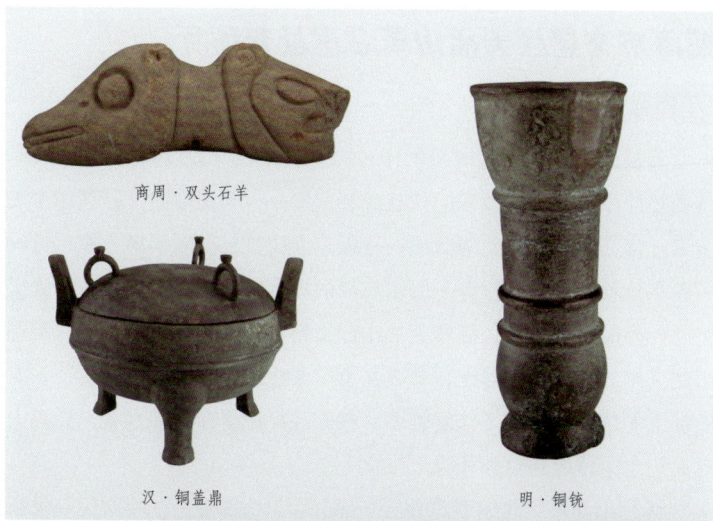

商周·双头石羊

汉·铜盖鼎

明·铜铣

参观服务

地址：荣成市成山大道东段28号

开放时间：周一闭馆，周二至周日8:30—11:30、13:30—17:00，免费开放

预约电话：0631-7569106

交通信息：市区内乘坐1、2、5、7路公交车博物馆站点下车

威海市文登区天福山革命遗址管理所

总体概述

　　天福山革命遗址占地面积103.8亩。1937年12月24日，中共胶东特委在此举行了威震胶东的抗日武装起义——天福山起义，创建了胶东第一支人民的抗日武装队伍——山东人民抗日救国军第三军，打响了胶东抗日第一枪，拉开了胶东抗战的序幕。解放后，党和政府为了纪念先烈的光辉业绩，弘扬天福山起义精神，在天福山建立了"天福山起义纪念塔"和纪念馆，并成立了"天福山革命遗址管理所"，对旧址上的遗存物进行了修复管理，树立起保护坐标。1974年，天福山起义纪念馆建成并对外开放。

　　天福山起义纪念馆展览分五个部分：第一部分——唤醒民众求解放、第二部分——天福山上举义旗、第三部分——浴血抗日战顽敌、第四部分——天福铁军展雄风、第五部分——党群同心奠根基，增设了观众互动区和电子留言区。

"山东人民抗日救国军第三军司令部"印鉴

"山东省胶东人民军政委员会之印"印鉴

参观服务

地址：威海市文登区文登营镇天福山

开放时间：全年免费开放，5—9月8:00—12:00、14:00—17:30，
10—4月8:00—12:00、13:30—17:00

预约电话：0631–8681040

交通信息：客运班车不直达，由文登车站坐文登—天福山—大水泊
方向车，在天福山南麓、大店村站点下车向北步行1.5公里

荣成赤山民俗博物馆

　　荣成赤山民俗博物馆位于国家ＡＡＡＡ级旅游景区——石岛赤山风景区内，占地6000平方米，建筑结构为传统居家式四合院，展厅采取的是开放型设计。馆内5059件藏品，凝聚了数百年来荣成人民的生产、生活场景，从木石锚时代到人民公社，从衣、食、住、行到生、老、病、死，是一部浓缩的胶东民俗文化和海文化的发展史。

参观服务

地址：荣成市石岛管理区法华路

开放时间：全年开放，4—10月7:30—18:00（17:30停止入场），11—3月7:30—16:30（16:00停止入场）

预约电话：0631-7287365、7326666

交通情况：市内乘坐261、262、263路直达赤山景区站

网址：www.chishan.cn

冯德英文学馆

　　冯德英文学馆为仿唐式建筑，2008年9月开馆。收藏陈列冯德英文学创作生涯中图片、作品、影像、实物等资料2000多件。馆貌风格庄重典雅，以真实完整的资料，紧紧围绕冯德英文学作品主题，全面系统地反映了其成长历程、生活点滴及文学风采。

山菊花手稿

参观服务

地址：乳山市胜利街71号

开放时间：周一至周五8:00—11:30、14:00—17:00，免费开放

预约电话：0631-6871606

交通信息：市区内乘坐103、105路公交车市政府站点下车

214

日照市

Museums
of
Rizhao

日照博物馆

　　日照博物馆系国家三级博物馆，成立于1986年。现址位于日照市政府人民广场东侧，建筑面积9260平方米。集收藏、研究、社会教育于一体，是展示日照地域文化、人文艺术，传播科学文化知识，进行爱国主义教育和精神文明建设的重要阵地。馆藏文物总计10540件，其中珍贵文物204件，包含了从史前到明清各个时期典型代表器物，尤以龙山时期和汉代文物最为丰富。

216

常设展览

　　东方文明之光——日照龙山文化陈列、海曲汉韵——海曲汉墓陈列、馆藏文物陈列、日照历史文化名人雕塑陈列、日照对外交流礼品陈列、日照农民画与黑陶陈列、日照当代书画陈列

汉·龟座凤形铜灯

龙山文化·蛋壳黑陶高柄杯

参观服务

地址：日照市烟台路33号

开放时间：周一闭馆，周二至周日夏季9:00—17:00，冬季16:30，免费开放

预约电话：0633-8788140-8103

交通信息：市内乘坐5、6、7、10、18路公交车市政府广场站下车东行200米，乘坐9、11、18、34路公交车移动公司站下车南行100米

网址：www.rzbwg.com/

莒县博物馆

总体概述

　　莒县博物馆成立于1983年，是
国家二级博物馆。占地面积28.99
亩，建筑面积1.5万平方米。莒县
博物馆共收藏文物1.2万余件，其
中珍贵文物120件。陵阳河等大汶
口文化遗址出土的陶质大口尊上的
"⊕"等17个图像文字，被认为
是汉字的雏形，是迄今为止在中国
发现的最早的文字。

唐·兰花玉碗

基本陈列

　　莒文化历史陈列、历代石刻陈列、东夷序曲陈列、文明曙光陈列、莒国春秋陈列、城阳史影陈列、刘勰纪念馆

大汶口文化·白陶鬶

大汶口文化·刻符灰陶尊

春秋·铜鋬壶

参观服务

地址：莒县振兴东路208号

开放时间：免费开放，周一闭馆，周二至周日夏季8:45—11:45、14:45—17:45，冬季8:45—11:45、14:15—17:15

预约电话：0633-6882651

交通信息：县内乘坐6路公交车莒县博物馆站下车

五莲县博物馆

总体概述

　　五莲县博物馆始建于1995年，总占地面积8000平方米，主体建筑面积3000平方米，展厅面积1700平方米。馆藏各类文物及自然标本5000余件，其中国家一级文物25件，二级文物61件。以新石器时代的文物尤为丰富，以丹土遗址出土的玉器最为著名，同时期遗址中出土的玉器在山东地区堪称最多。这些藏品为研究大汶口文化、龙山文化提供了宝贵的实物资料。

常设展览

　　序厅、文明曙光、三代遗珍、秦汉气象、流风余韵、神韵五莲——历史文化展

龙山文化·四孔大玉刀

龙山文化·玉璇玑

大汶口文化·兽面纹玉琮

参观服务

地址：五莲县文化路西首
开放时间：周一闭馆，周二至周日8:30—11:00、14:00—16:30，免费开放
预约电话：0633-5331351
交通信息：县内乘6路公交车至建行大厦西行200米

尧王文化博物馆

总体概述

　　尧王文化博物馆是以"尧王文化"为主题的博物馆，建筑面积3000平方米。博物馆共三层：一楼主要展示5000年的中国酿酒史；二楼主要展示5000年的尧王文化；三楼为尧王文化研究会以及尧王文化书画院。酒文化展厅系统还原了中国酿酒的历史、传承和发展，详细介绍了酒的起源、酿酒发展历史、酒的分支和起源、酒器等有关酒类知识，制作还原了古代酿酒工艺的场景。尧王文化展厅，从儒、墨、道、法、兵等中国传统思想体系以及历代君主、文人对尧王的功德进行研究，总结、挖掘和归纳了尧王一生的故事和业绩，包括尧王出世、尧王制陶、尧封陶唐、尧授民时、设谏鼓、尧王凿井、尧王制棋、尧王访贤、尧王禅让等。

参观服务

地址：日照市深圳西路89号

开放时间：周一至周六8:30—16:00（法定假日除外），免费开放

预约电话：0633-8222012

交通信息：乘20路公交车小古镇站下车（路北）

日照市抗日战争纪念馆

日照市抗日战争纪念馆展厅总面积为1000平方米，现有藏品4000余件/套，是一座集抗日战争文物收藏、陈列、展览等多功能于一体的非国有博物馆。博物馆实物展品丰富，文化内涵深厚，规划布局合理，充分发挥了抗战文物的社会教育功能。

参观服务

地址：日照市山海天碧海路

开放时间：周一至周日8:30—17:15

预约电话：0633-8656222

交通信息：乘坐10、16、33、42路公交车教授花园站下车

网址：www.rzkzg.cn

日照市乡村民俗博物馆

　　日照市乡村民俗博物馆成立于2016年8月，馆藏文物6000余件/套，主要藏品为传统农村生产生活用具。基本陈列有生产文化区、生活用品区、红色文化区、字画文化区等，全年免费开放，不仅是日照乡村文化的传承地、乡风文明的弘扬地、新型农民的培育地，也为子孙后代寻根发展提供了鲜活的素材，力求成为传承和保护日照市历史文化遗产、乡土传统文化遗产的重要载体。

参观服务

地址：日照市山海天旅游度假区卧龙山街道大沙沟村爱农林果采摘园内

开放时间：9:00—17:00，全年开放

预约电话：0633-3387087

交通信息：日照204国道与两河路路口左转1.4公里右转进入青韩路行驶500米

莱芜市

Museums
of
Laiwu

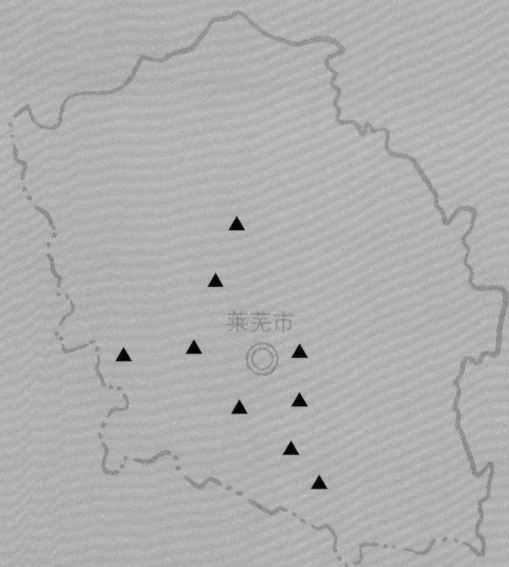

莱芜市

莱芜市博物馆分布示意图

莱芜市博物馆

总体概述

　　莱芜市博物馆建筑面积9600
平方米，馆藏品12000余件／套，
其中珍贵文物340件／套，包含
石器、玉器、陶器、瓷器、青铜器、
货币、书画、图书等种类。建有
三个展馆，分别是文物陈列厅、
陶瓷文化展厅、历史文化展厅。

战国·龙凤饰骨梳

参观服务

地址：莱芜市龙潭东大街286号市图书馆3楼

开放时间：周一至周五8:30—11:00、14:30—17:00，周六日可预约
开放

预约电话：0634-6220228

交通信息：乘坐K8、101、20路公交车前宋站下车西行500米，K1
路中和站下车行100米路南

莱芜战役纪念馆

总体概述

　　莱芜战役纪念馆原名莱芜革命烈士陵园，修建于 1972 年，占地面积 71 亩。先后于 1997 年、2007 年进行升级改造。改造后的莱芜战役纪念馆，主体建筑由烈士纪念塔、展览馆、全景画馆和缅怀堂四部分组成。2015 年，改陈布展建成鲁中抗日战争展览馆。

常设展览

　　莱芜战役展览馆、鲁中抗日战争展览馆、全景画馆

参观服务

地址：莱芜市莱城区汶阳东大街 43 号
开放时间：周一闭馆，夏季 8:30—12:00、13:30—17:30，冬季 8:30—11:30、13:00—17:00
预约电话：0634-8805690
交通信息：乘坐 K8、K10、21 路公交车至莱芜战役纪念馆站下车北行 200 米或乘坐 K9 路直达

莱芜幸福童年摄影艺术博物馆

总体概述

　　莱芜幸福童年摄影艺术博物馆主要致力于与摄影有关的老相机、老照片、老道具的收藏、研究与展示。博物馆总建筑面积 2000 平方米，包括老相机展示区、老照片展示区、老物件展示区，其中展厅面积 800 平方米，公众服务区面积 900 平方米。现有相关藏品共 1047 件。

参观服务

地址：莱芜市长勺北路 198 号（铭洋花卉院内）

开放时间：8:00—18:00，全年免费开放

预约电话：0634-5616616

交通信息：乘坐 K18 路公交车至书香美域站下车路西 200 米院内

莱芜市多福砚博物馆

总体概述

　　莱芜市多福砚博物馆建筑面积 500 平方米，以多福砚及多福砚文化集注为主题，收藏有多福砚、鲁砚、省外名砚共计 400 件／套，其中多福砚 200 余方、鲁砚 100 余方、省外名砚 60 余方，展现多福砚文化及中华砚文化各个不同历史时期的发展风貌。

常设展览

　　多福砚系列展示区、鲁砚系列展示区、省外名砚系列展示区

当代仿古多福砚

参观服务

地址：莱芜市龙潭东大街 106 号

开放时间：8:00—18:00，全年免费开放

预约电话：0634-5875162　13863402668

交通信息：乘坐 K1、K8 路公交车火车站下车东行 100 米路南

网址：www.duofuyanfang.com/

莱芜市巧夺天工红木文化博物馆

总体概述

　　巧夺天工红木文化博物馆成立于2015年,实用面积2.6万平方米,设有3个展区,120个展厅,各类展品10000多套。系统介绍红木知识、红木家具发展史、红木家具流派及其制作工艺等。

常设展览

　　红木工艺品展览、红木艺术精品展览、红木文化学院

参观服务

地址：莱芜市钢城区经济开发区双源大街东首

开放时间：8:00—18:00，全年免费开放

预约电话：0634-6840293

莱芜市亓氏酱香源民俗博物馆

总体概述

　　亓氏酱香源民俗博物馆成立于 2014 年，建筑面积 3000 平方米，有藏品 180 件。2015 年被列入山东省首批"乡村记忆"博物馆。陈列主题主要包括：亓氏酱香源肉食酱制作技艺介绍和传统技艺展示，亓氏酱香

源传承谱系、历史典故及历史传承人物贡献，亓氏酱香源家族祖训、家规、商规，亓氏酱香源历代传承工具展示，亓氏酱香源筵席、产品展示，现代化生产设备与传统生产工具对比展示等。

参观服务

地址：莱芜市莱城区方下镇嘶马河村

开放时间：8:00—18:00，全年免费开放

预约电话：0634-6600534

交通信息：乘坐 K16 路公交车亓氏酱香源站下车

莱芜市山歌榨油博物馆

总体概述

　　山歌榨油博物馆成立于 2014 年 8 月，2015 年被列入山东省首批乡村记忆博物馆。博物馆致力于开展榨油历史文化研究、发掘，相关历史文物的收藏、展览、交流，非物质遗产保护等工作。展览生动展示了榨油器具和榨油作坊工人辛勤劳作的场景。

参观服务

地址：莱芜市高新区鹏泉街道办事处郭家沟村

开放时间：8:00—18:00，全年免费开放

预约电话：0634-6411099

交通信息：可乘坐 K1 路公交车到终点站下车

莱芜市房干村乡村记忆博物馆

总体概述

房干村是莱芜市山区建设的一面红旗。该村于2012年兴建乡村记忆博物馆，系统展现了村庄的历史沿革、重大成就、各种荣誉，拥有各类藏品178件。2015年被列入山东省首批乡村记忆博物馆。博物馆位于村西，共两层，总建筑面积775.76平方米。题词、书画类展区共有展品50余件。有铁犁、绳索、牛锁头、铡刀、纺布车等共39件。这些器具是房干艰苦创业时期的物证，睹物思情，能让广大村民回忆起当年改变自然、大干苦干的情景，激发年轻一代始终不忘老前辈们艰苦创业的奋斗历史，从而更加珍惜来之不易的幸福生活，为创造更加美好的未来而奋斗不息。

参观服务

地址：莱芜市雪野旅游区雪野镇房干村
开放时间：8:00—18:00，全年免费开放
预约电话：15965609839

山东泰顺斋南肠博物馆

总体概述

　　泰顺斋南肠博物馆成立于2015年，建筑面积3万平方米。馆藏有莱芜南肠建设发展方面的历史档案36件，老式包装设计15件，不同历史时期商标标签15件。

常设展览

　　民俗厅、故事厅、风土厅、工艺厅、非遗厅、传习所、未来厅

参观服务

地址：莱芜市莱城区口镇西街村
开放时间：8:00—18:00，全年免费开放
预约电话：0634-8551999
交通信息：乘坐17、18路公交车到齐鲁泰顺斋站下车

临沂市

Museums
of
Linyi

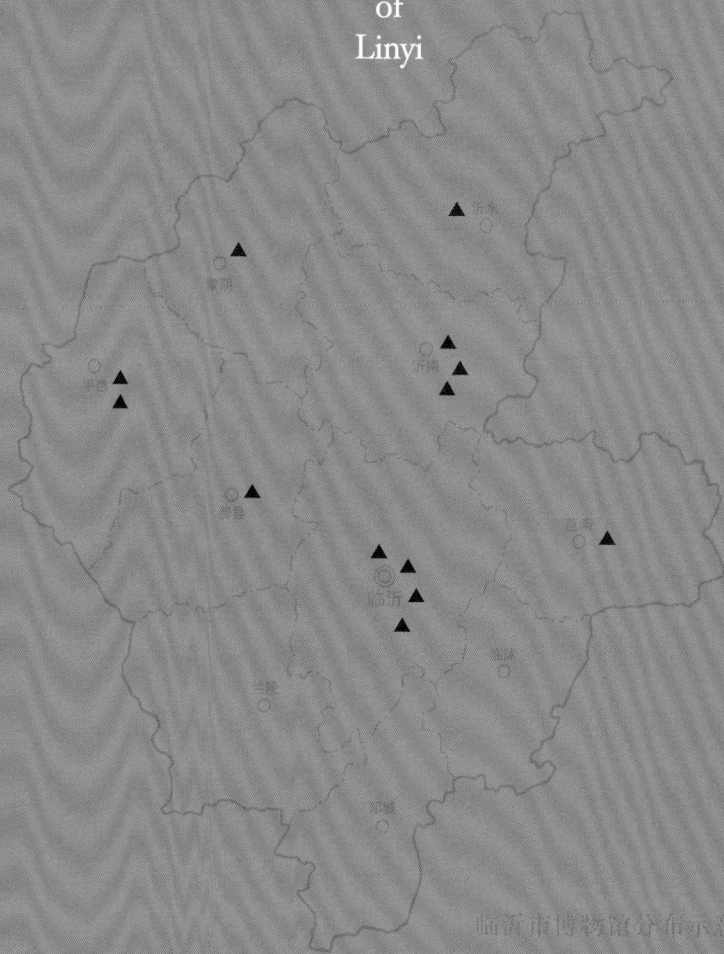

临沂市博物馆

　　临沂市博物馆前身为 1963 年成立的临沂县文物收集组，新馆于 2011 年 9 月建成并正式免费开放。占地面积 2.85 公顷，总建筑面积 2.1 万平方米，陈列展示面积达 1 万平方米。现为国家二级博物馆，拥有陶瓷器、青铜器、汉画像石等各类文物 30000 余件／套。馆内设施齐备，功能完善，配有青少年活动中心、休闲餐饮服务区、休息阅读区域及互动制作等项目。

龙山文化·玉璋

常设展览

　　临沂历史文化展、石上史诗——汉画像石专题展、土与火的艺术——史前陶器展、铜镜展、方寸天地——印章展、钱币展、翰墨丹青——馆藏书画、沂蒙红色文化展

238

参观服务

地址：临沂市北城新区兰陵路 56 号

开放时间：周一闭馆，周二至周日 9:00—17:00（16:00 停止入馆）

预约电话：0539-8600220

交通信息：乘坐 K81 路公交车临沂市博物馆站下车东行 100 米，乘坐 K87 路公交车百联华府站下车北行 200 米

网址：museum.linyi.cn

西汉·金缕玉衣罩

西晋·凤鸟衔鱼负雏熏炉

西晋·青釉胡人骑狮烛台

临沂市银雀山汉墓竹简博物馆

　　临沂市银雀山汉墓竹简博物馆是我国第一座遗址类汉墓竹简专题博物馆，国家三级博物馆，3A级旅游景区。博物馆于1981年在银雀山一、二号汉墓遗址上动工兴建，1989年正式对外开放，原馆占地面积10000平方米，建筑面积3000平方米。目前，博物馆正在进行提升改造，完成后预计总面积约21000多平方米，建筑面积约15000平方米，将形成圣地厅、圣人厅、圣典厅三大展陈系列。

春秋·節墨之法化刀币

战国·陈爰

参观服务

地址：临沂市兰山区沂蒙路212号

开放时间：全年开放，春、夏、秋季8:30—17:30（17:00停止入馆），冬季8:30—17:00（16:30停止入馆）

预约电话：0539-8312649，现役军人、60岁以上老年人、未成年人凭本人有效证件免费参观

交通信息：临沂市内乘6、7、10、11、81、87路公交车汉墓竹简博物馆站下车

网址：www.yqszj.com/

沂南县博物馆

总体概述

　　沂南县博物馆成立于2008年，占地面积6600平方米，建筑面积2500余平方米。主要展览除通史文物陈列外，突出沂南汉文化特色，重点展出汉画像石拓片近百幅，展现了悠久厚重的汉代文明。

常设展览

　　历史文化陈列展、汉画像石拓片展

汉·铜钺

汉·凤鸟铜熏炉

参观服务

地址：沂南县人民路西首诸葛亮广场北侧

开放时间：周一闭馆，周二至周日 9:00—11:00 、14:30—16:30

预约电话：0539-3221216

交通信息：乘 5 路车诸葛亮文化广场下车

费县博物馆

总体概述

　　费县博物馆成立于 2014 年，占地面积 6000 平方米，建筑面积 4500 平方米。主体建筑采用唐代建筑风格，庭院式布局，主楼与后楼均为二层，以廊连接。内设七个陈列厅，以历史文物和革命文物为主要陈列内容。馆藏文物尤以新石器时代和汉代出土文物最为丰富，展品多来自原馆藏和近年来当地的考古发掘及征集。

常设展览

　　费县通史陈列展、石刻文物展、精品文物展、瓷器文物展、红色文化展、考古学家李玉亭先生考古工作 50 周年成果展、著名诗人任志玺作品展

汉·一刀平五千错金刀币

大汶口文化·镂空高柄杯

春秋·铜曾子鼎

参观服务

地址：临沂市费县颜真卿公园西北角

开放时间：周一闭馆，周二至周日 9:00—11:00、15:00—17:00（16:30 停止入馆）

预约电话：13375395956

交通信息：乘坐 2 路公交车钟益楼站下车东行 100 米后南行 50 米，乘坐 4 路公交车郭家园站下车北行 200 米

沂水博物馆

总体概述

　　沂水博物馆成立于1986年，馆舍建筑面积4230平方米，馆藏文物51067件／套。现有"天上王城春秋墓专题陈列展"、"历史文化陈列展"等五个基本陈列展和一个临时展厅。展陈独具特色，气势恢宏，展出文物涵盖石器、陶器、铜器、金银器、瓷器以及字画、印章、汉画像石等24个类别。展陈利用实物、图版、多媒体、雕塑等多种形式和观众互动手段。

常设展览

　　历史文化陈列展，天上王城春秋墓专题陈列展，浩歌励世——红色文化展，民俗风情——非物质文化遗产展，碑刻长廊——汉画像石、石造像、明清碑刻展

春秋·铜华孟子鼎

春秋·铜鉴盂

参观服务

地址：沂水县城正阳路 6 号

开放时间：全年开放，周二闭馆（法定节假日除外），5—10 月 9:00—11:30 、14:30—17:30，11—4 月 9:00—11:30、14:00—17:00

预约电话：0539-2251643

交通信息：乘坐 1、2 路公交车人民广场站下车西行 200 米，乘坐 5 路公交车人民医院站下车西行 50 米

平邑县博物馆

总体概述

　　平邑县博物馆始建于 1992 年 5 月，占地面积 4600 平方米，建筑面积 1200 平方米，收藏各类文物 5 万余件。新石器时代的大口尊、白陶鬶、骨针，商周时期的"史"爵、"邾杞"簠、青铜盘，唐代的双龙镜，宋代的水晶黄金花坠项链等都是不可多得的艺术珍品。汉代的"马夫提水饮马图"画像石，宋赵挺之撰文、秦观书写的陶质墓志等全国仅见。汉阙室展出的皇圣卿阙、功曹阙是我国著名的汉代建筑艺术瑰宝。

常设展览

　　平邑汉阙、石刻艺术展、平邑历史文物展

大汶口文化·大口尊

东周·青铜簠

参观服务

地址：平邑县莲花山公园内

开放时间：周二闭馆，9:00—17:00（16:00 停止入馆），节假日正常开放

预约电话：0539-2096106

交通信息：乘坐 3、4、6 路公交车银座商厦站下车北行 200 米

莒南县博物馆

总体概述

　　莒南县博物馆成立于 1985 年，馆舍占地面积 4582 余平方米，建筑面积 1050 平方米，馆藏文物 42996 件。2009 年 5 月 8 日免费开放。依托馆藏文物优势，打造出特色文物展览——"中国古代青铜器艺术展"，展出 137 件／套青铜器，上起商周，下迄明清，种类涵盖尊、卣、觥、瓿、壶等酒器，鼎、鬲、豆、簋等食器，盘、罍、瓿等水器，以及乐器、摆件等，构成了较为完整的礼器体系。展览着重从青铜器的制作工艺、青铜器铭文、青铜器纹样、青铜器用途几个方面，通过图、文、物全面展示了青铜器文化，展现了莒南馆藏青铜器的风采，展现了我国古代青铜文化的精粹和重要价值。

常设展览

　　莒南馆藏文物展、中国古代青铜器艺术展

春秋·铜编钟

汉·嵌绿松石鎏金铜带钩

宋·豆青釉开片瓷碗

宋·翟守家双系白釉罐

参观服务

地址：莒南县城黄海路 80 号

开放时间：9:00—11:00、14:30—16:30，全年开放

预约电话：0539-7919968

交通信息：乘坐 K1 路公交车莒南县体育场下车北行 50 米向西路南，乘坐 K3 路公交车住建局（博物馆）下车

山东省天宇自然博物馆

总体概述

山东省天宇自然博物馆于 2004 年建成开放，建筑面积 3.2 万平方米，陈列面积 2.8 万平方米，馆藏展品 39 万余件。馆内保存有 1200 多件恐龙以及 2200 多件鸟类化石，2010 年 7 月被吉尼斯世界纪录总部认定为世界上最大的收藏恐龙和其他史

孔子天宇龙化石

前动物化石的博物馆。到目前为止，馆内已成功建立六项吉尼斯世界纪录，并在世界顶级科学杂志《自然》、《科学》等刊物上发表科研成果三十余项，引起了世人的瞩目。博物馆现有综合厅、千龙厅、百龙厅、万鱼厅、百犀厅、热河生物群厅、海百合厅、山旺生物群厅、贵州关岭生物群厅、万龙厅等 28 个陈列展厅。

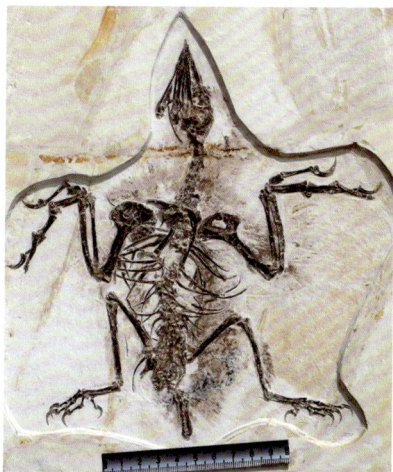
孔子鸟化石

中华龙鸟化石

参观服务

地址：平邑县莲花山路西段

开放时间：全年开放，夏季 8:30—18:00，冬季 8:30—17:30 （下班前一小时停止售票）

预约电话：0539-4291666

交通信息：日东高速至平邑出口下至莲花山路西段

网址：www.tynhm.com

孟良崮战役纪念馆

总体概述

　　孟良崮战役纪念馆 1958 年建成，1984 年整修，2007 年原址重建，建筑面积 3682 平方米，纪念馆高 19.47 米，馆前大台阶 47 个，象征着孟良崮战役发生在 1947 年。外形是两个红色的三角形战旗，呈孟良崮、大崮顶山形，红色代表着红色革命、红色旅游。纪念馆分为二层：一层是以孟良崮战役形势、战役决策、战役实施、人民支前、欢呼胜利、英烈业绩六部分为内容的展厅部分；地下一层是情景体验厅。

参观服务

地址：蒙阴县垛庄镇古泉社区英雄路 001 号

开放时间：周一闭馆，周二至周日 9:00—17:00（16:00 停止入馆）

预约电话：0539-4582200

交通信息：乘坐蒙阴—泉桥城乡公交泉桥公交站下车（6:30—17:20 隔 25 分钟循环发车）

沂蒙红嫂纪念馆

总体概述

　　沂蒙红嫂纪念馆占地面积100余亩，陈列展示面积达53200平方米，是国内迄今唯一全面、系统介绍"红嫂"的专题纪念馆，也是中国唯一一处以普通群众为主题的革命纪念馆。展馆由15个展区构成，用沂蒙红嫂的感人事迹展现了以"最后一口粮当军粮，最后一块布做军装，最后一个儿子送战场"为核心内容的红嫂精神。纪念馆现有红嫂主体展馆、沂蒙红色遗迹展厅和红嫂生活体验区。

红嫂穿过的小脚布鞋

红嫂王桂花使用过的手提箱

抗日战争时期的步枪

参观服务

地址：沂南县马牧池乡常山庄村

开放时间：9:00—16:30（16:00停止入馆），全年免费开放

预约电话：0539-3619008

交通信息：乘沂南县旅游专线公交车沂蒙红嫂纪念馆下车

临沂岭上砚文化博物馆

临沂岭上砚文化博物馆 2015 年 5 月 18 日开馆，馆藏 600 余件／套，馆内现有砚文化综合展、鲁砚专题展、砚文化非遗展、砚文化演变展、名家名砚展、刘克唐艺术展等展区，常年开放。

参观服务

地址：沂南县青驼镇徐公店村

开放时间：周一闭馆，周二至周日 9:00—17:00 免费开放

预约电话：0539-3666562　13686393332

交通信息：自驾车至沂南县与兰山区交汇处 205 国道西侧

网址：www.lsmuseum.com/

临沂思源乡村记忆博物馆

临沂罗庄，夏商周时代就开始置郡，这里山川秀美，人杰地灵。基于悠久的历史文化传承，2014年底成立了临沂思源乡村记忆博物馆。博物馆现有藏品3200余件／套，依托藏品优势，展览分别从农业、交通、日用、陶器、瓷器、商业以及文革历史遗存方面做了精心的梳理与设计，可以一览本地古风的全貌。馆内还设有两个特别展厅。

参观服务

地址：临沂市罗庄区罗庄街道文化路西段
开放时间：周一至周日 8:00—17:00
预约电话：0539-8980156
交通信息：市区乘坐 19、68、K116、70 路公交车直达

临沂天泽木文化博物馆

　　临沂天泽木文化博物馆成立于 2014 年 5 月，是以木文化为主题的非国有博物馆，收藏了 40 多个国家和地区的各类古木、红木、阴沉木、木工艺品等 8000 余件。该馆充分利用自身优势，以木文化为主题，打造国标红木主题展、自然奇迹木艺展、经典传承传统家具展、千年金丝楠展等基本陈列。

参观服务

地址：临沂市兰山区枣园镇徐竹路东段

开放时间：周一闭馆，周二至周日 9:00—17:00，免费开放

预约电话：0539-8636257

交通信息：乘坐 58 路长安医院站下车

德州市

Museums
of
Dezhou

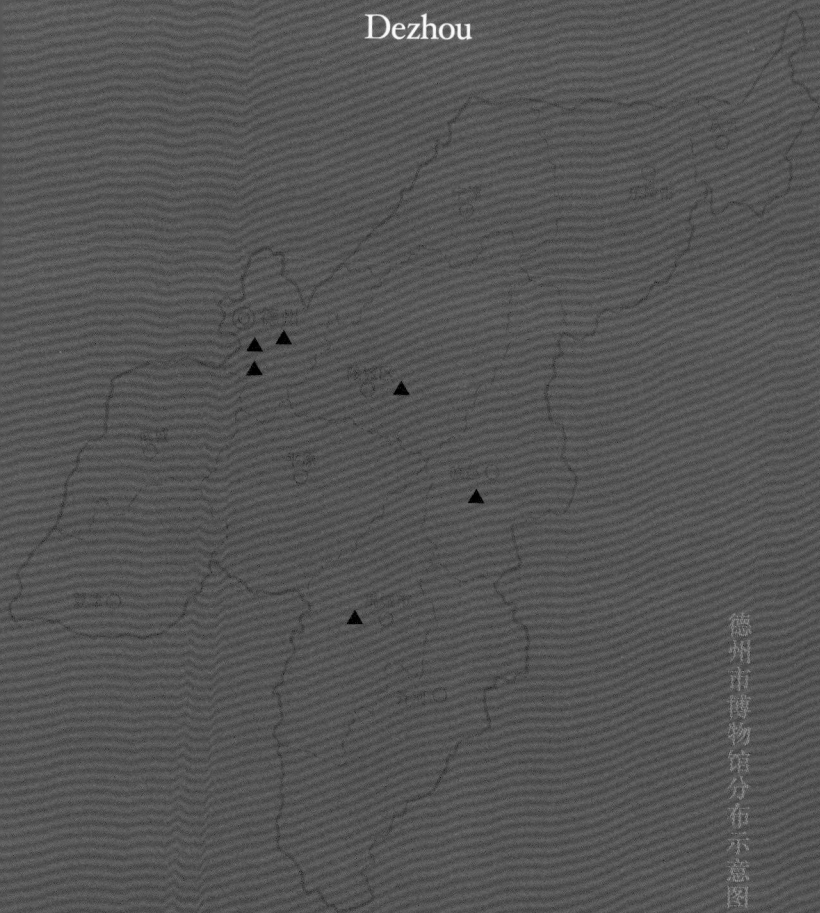

德州市博物馆

总体概述

　　德州市博物馆占地面积72亩，建筑面积2.1万平方米，共有5个基本陈列厅和1个临时展厅。馆内基本陈列以"历史足迹"、"文明遗珠"、"城市记忆"、"继往开来"、"历史名人展"为主题，立足历史文脉回顾、文物精品展示、文化遗存及民俗风情再现，对德州各历史时期做纵向全景式展示，成为推介德州、宣传德州的"名片"。

清·犀角杯

明·铜铳

西周·双凤玉柄器

参观服务

地址：德州市东方红东路566号
开放时间：周一闭馆，周二至周日9:00—17:00，免费开放
预约电话：0534-2789117
交通信息：市内乘坐5、107路公交车至市行政中心西行100米

德州市苏禄文化博物馆

总体概述

德州市苏禄文化博物馆于2015年9月正式挂牌开馆，免费开放，是德州市重要的文物保护和公共文化服务阵地。苏禄王墓坐落在德州市城北，占地面积2万平方米，是中国境内一座保存完整并有后裔守墓的外国国王的陵墓。1988年1月13日被中华人民共和国国务院公布为全国重点文物保护单位，是中国运河文化遗产的重要组成部分。

明永乐十五年（1417），古苏禄群岛上的东王、西王、峒王，率340余人，"航涨海，泛鲸波"，到达北京朝觐，受到明成祖朱棣的隆重接待。朝居27天后沿京杭运河南下归国，途中东王染疾病逝，明成祖赐谥号"恭定"，以王礼将其厚葬德州，遣官谕祭。

常设展览

　　第一展厅以苏禄王访华背景、苏禄简况与守陵文化为主题；第二展厅以中菲友谊永续为主题；第三展厅以苏禄王后裔历史人物代表为主题

参观服务

地址：德州市德城区北陵路北首
开放时间：每周一闭馆，周二至周日9:00—17:00，免费开放
预约电话：0534-2323787　20人以上集体参观提前一天预约
交通信息：火车站乘坐4路公交车至苏禄王墓站下车

苏禄王塑像

德州市陵城区文博苑

总体概述

　　陵城区文博苑位于陵城区颜真卿公园内，现以陵城区历史和颜真卿文化为主题向世人展示陵城区的书法、文化以及各类珍贵文物，是了解陵城区悠久历史的最佳去处。藏品以汉白玉浮雕连座佛像、汉太中大夫东方朔二十八代孙唐代东方合墓志铭、唐三彩水盂等珍贵文物为代表，向社会各界展示陵城区悠久而深厚的历史文化。展馆以陵城区的历史脉络为主线，贯穿六个主题：历史沿革、重大历史事件与历史人物、风土人情、中国共产党在陵城区的发展历程、建国以来陵城区的发展和变化、十八大以来的建设成就和未来愿景。

宋·白釉斗笠碗

唐·三彩水盂

唐·胡人抱囊瓶

参观服务

地址：德州市陵城区颜城路20号（颜真卿公园内）

开放时间：周一至周日 8:30—11:30、14:30—17:30，免费开放

预约电话：0534-8221149

交通信息：乘坐104路公交车东方公园站下车西行200米至路口后南行100米

禹城市禹王亭博物馆

禹城市禹王亭博物馆位于禹城市十里望回族镇十里望村，1996年修建，占地面积100余亩，建筑面积2270多平方米，建有禹王大殿、享殿、配殿等，属遗址类博物馆。除禹王亭遗址外，馆内还展出碑刻14块，其中有南宋朱熹"耕云钓月"，清代"去思碑"等。

常设展览

"禹王亭遗址"历史陈列展、农耕文化展

参观服务

地址：禹城市十里望回族镇十里望村
开放时间：夏季8:30—17:30，冬季8:30—17:00，全年免费开放
预约电话：0534-7440598
交通信息：禹城市汽车站北行1000米

临邑县邢侗纪念馆

总体概述

　　邢侗纪念馆1992年开馆，占地面积2070平方米，为纪念明代著名书法家、文学家邢侗而建造。馆舍分为正厅五间、东西厢房各三间、门厅三间、二十六间游廊环接门厅、厢房和正厅。纪念馆正厅内藏迹有邢侗主刻的《来禽馆帖》石刻，邢慈静主刻的《之室集帖》木刻版，王治主刻的《来禽馆真迹》拓片和明清以来的其他刻石。

常设展览

　　馆藏石刻拓片展

参观服务

地址：临邑县城区邢侗公园内
开放时间：春节期间闭馆，周一至周日8:00—18:00，免费开放
预约电话：0534-4369955
交通信息：乘坐1路公交车邢侗公园下车

德州普利森机床博物馆

德州普利森机床博物馆馆舍建筑分别是建于1952年、1957年、1959年的三座仿苏式房屋，建筑面积约5000平方米，地下现存有1969年修建的人防工程遗址，包括百米洞道和地下指挥系统。该建筑群2015年被评为省级文物保护单位。

博物馆以山东普利森集团（前身德州机床厂）60多年的发展历史为主线，馆内设有工业旅游区，拥有车、铣、刨、钻、镗、磨等各种机床110多台。游客可实地参观、操作，近距离感受机床削铁如泥的场景，增长科学知识。

20世纪初德制铣床

常设展览

　　分为三大展区，第一展区为普利森企业发展史，第二展区为国内外机床发展史，第三展区为机床实物展厅

1959年C620型仿苏车床

1975年精密普通车床

1956年无心磨床

参观服务

地址：德州市运河经济开发区富源大街1489号

开放时间：周一至周日8:30—11:30、14:30—17:00（春节假期间闭馆），免费开放

预约电话：0534-2496180

交通信息：乘15路公交车德隆公司下车北行200米路东

网址：www.dzjc.com/museum/home.htm

聊城市

Museums
of
Liaocheng

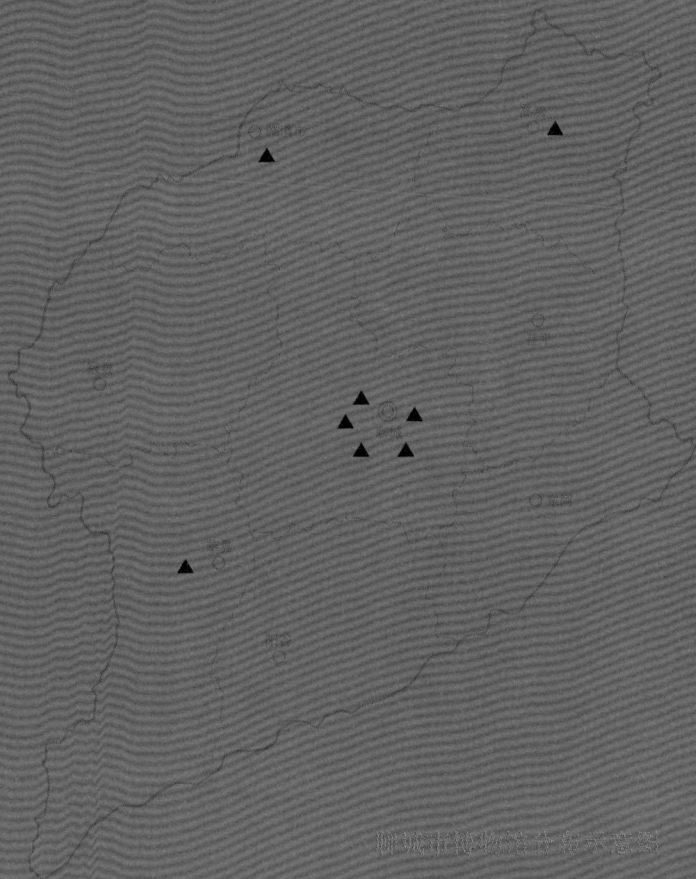

聊城中国运河文化博物馆

总体概述

    聊城中国运河文化博物馆建筑面积1.6万平方米，展览面积近7000平方米，展出珍贵文物1000余件。展览通过声、光、电、投影、多媒体等高科技，配以雕塑、沙盘、油画、场景复原等手段，生动再现了运河历史文化的博大精深和聊城的悠久历史。

常设展览

    聊城城市形象展、运河文化展、聊城历史文物展

清·护身铜佛

金·黑釉金线纹罐

大汶口文化·彩绘陶壶

参观服务

地址：聊城市东昌西路88号

开放时间：周一闭馆（国家法定节假日除外），冬季8:00—11:30、13:30—16:30，夏季8:00—11:30、14：00—18:00，免费开放

预约电话：0635-2111655

交通信息：乘K2、K6、K9、K24、K25、K28、K23路公交车东昌宾馆站下车东行约150米，乘K16、K139、K437路公交车文化广场路口站下车南行约100米，乘K3、437路公交车凤凰台站下车沿东昌路西行约150米

网址：www.zgyhwhbwg.com/

临清市博物馆

总体概述

　　临清市博物馆成立于1984年，是集文物管理所与博物馆职能于一体的综合性县级博物馆。现有馆藏文物1000多件，主要以瓷器、字画、钱币、铜器收藏为主。2010年10月，临清市博物馆正式迁入位于文化中心内的新馆，新馆总体设计共六个展厅，3500平方米，展出400余件历史文物，以专题和单元的形式，通过实物、照片、图表、多媒体等手段展现了临清的悠久历史和深厚的文化积淀。

常设展览

　　临清历史沿革展、碑刻展、临清非物质文化遗产展、瓷器展、书画展、贡砖展

清光绪·秋操纪念杯

明·龙纹玉雕

宋·磁州窑鸟鹿纹梅瓶

参观服务

地址：临清市温泉路中段文化中心
开放时间：周一闭馆（国家法定节假日除外），冬季9:00—11:30、
14:00—17:00，夏季9:00—11:30、15：00—18:00，免费开放
预约电话：0635-2346930
交通信息：乘坐105路公交车在市文化中心下车

高唐博物馆

　　高唐博物馆成立于2000年，是高唐县重要的历史文物保护、收藏、研究、展览机构。博物馆展厅面积1200平方米，收藏文物200余件，其中含一级革命文物1件，二级文物4件，三级文物47件，主要以陶器、瓷器、铜器、石刻为主，充分展现了高唐县的悠久历史和深厚的文化积淀。博物馆先后成功举办了高唐县出土文物展、文物保护图片展、"年画重拾记忆·传统再创新生"——东昌府木板年画展、翰墨京韵——张正君中国画作品展等展览。

东汉·绿釉陶楼

常设展览

高唐历史文物展、高唐碑刻展

宋·瓷酒坛

辽·白釉刻花凤首竹节瓶

参观服务

地址：高唐县文化广场南邻，大觉寺路北

开放时间：冬季8：00—11：30、13：30—16：30，夏季8：00—11：30、14：00—18：00，全年免费开放（国家法定节假日除外）

预约电话：0635-3906959

交通信息：乘坐5、3路公交车县实验幼儿园站下车

唐·观音菩萨像

莘县博物馆

总体概述

　　莘县博物馆成立于2008年，建筑面积2000平方米，展厅1200平方米，展出莘县境内出土文物400余件，充分展示了莘县丰厚的文化底蕴和悠久灿烂的文化，是莘县历史的缩影。

常设展览

　　石刻展、历史文物展

参观服务

地址：莘县政府街西首

开放时间：冬季8:00—11:30、13:30—16:30，夏季8:00—11:30、14:30—18:00，国家法定节假日另行通知，免费开放

预约电话：0635-7110787

交通信息：市内乘3路公交实验高中站下车

明·吉服袍

汉·庖厨陶俑

清·岫玉玲珑塔

孔繁森同志纪念馆

总体概述

　　孔繁森同志纪念馆是宣传领导干部的楷模、民族团结的典范、党的群众路线的模范践行者——孔繁森同志事迹的名人纪念馆，现为国家三级博物馆。1995年9月开馆，2013年2月在原址改扩建。纪念馆主体建筑8711.55平方米，包括主题纪念馆、交流展厅、综艺展厅、影视报告厅和纪念广场。主题纪念馆以图片、实物、场景、多媒体等形式，集中展示孔繁森为民务实清廉的典型事迹，成为弘扬繁森精神、传播英模文化、增强党员干部宗旨意识、加强党性锻炼的重要场所。

20世纪90年代孔繁森同志日记本

参观服务

地址：聊城市东昌府区繁森路1号

开放时间：周一闭馆（国家法定节假日除外），周二至周日冬季8:00—11:30、13:30—16:30，夏季8:00—11:30、14：00—17:00，免费开放

预约电话：0635-8421662

交通信息：市区内乘坐K2、K6、K9、K23、K24、K25、K27路公交车孔繁森纪念馆站下车

网址：www.kongfansen.com/

聊城市乡村记忆博物馆

总体概述

聊城市乡村记忆博物馆于2015年9月正式对公众开放。博物馆为二层环形建筑，建筑面积6000平方米，展厅面积达2000平方米，展出藏品100余件，主要展示了鲁西地区的衣食住行、民间艺术和非物质文化遗产，正如馆内的"忠厚传家"匾额一样，传达了鲁西人民对传统文化的深切记忆。

聊城乡村记忆博物馆现有五大展厅：一、鲁西民居复原厅，二、鲁西传统农业展厅，三、交通工具展厅，四、传统纺织展厅，五、民间艺术展厅。正在进行的二期工程，将建设乡音记忆厅，搜集和展示鲁西方言。

参观服务

地址：聊城市古城区西城门内
开放时间：周一闭馆（国家法定节假日除外），冬季9:00—11:30、14:00—17:00，夏季9:00—11:30、15:00—18:00，免费开放
预约电话：0635-8412635
交通信息：乘坐K1路公交车在光岳楼站下车西行约500米

傅斯年陈列馆

　　傅斯年陈列馆是依托省级重点文物保护单位傅氏祠堂建立起来的一处名人纪念馆，占地面积3000余平方米，其中建筑面积1024平方米。

馆内现有傅氏祠堂、傅斯年铜像、傅斯年陈列楼、仁义胡同、仁义牌坊及碑廊等建筑，雕梁画栋，古色古香。陈列馆利用原有傅氏家族墓志石刻在仁义胡同建了碑廊及仁义胡同故事壁画，进一步丰富了傅斯年陈列馆的文化内涵。

　　傅斯年先生生平陈列展

地址：聊城市东昌府区东关大街111号

开放时间：周一闭馆，8:30—12:00、13:30—17:30，免费开放

预约电话：0635-8205545

交通信息：乘坐K1、K437路公交车直达

聊城明清圣旨博物馆

总体概述

　　聊城明清圣旨博物馆于2006年10月正式开馆，坐落于聊城市著名景点光岳楼西南角。建筑外观为二层仿古楼，总建筑面积约1500平方米。馆藏文物以明清时期的诏书、国书、诰封、敕封（通称为圣旨）为主体，配以科举试卷、官场文书、字画、牌匾等藏品。博物馆内共分三个展区：一区、二区主要展示明清时期重要的诏书、诰命、敕命等实物；三区主要展示科举文物、牌匾、字画以及部分官场文书，如奏折、官契等。

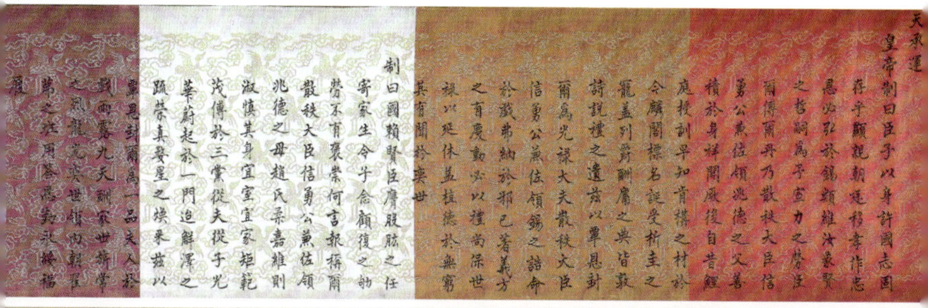

参观服务

地址：聊城市古楼西街2号
开放时间：全年开放，8:30—18:00
预约电话：0635-8413666
交通信息：乘坐K1、K112、K437、K332路公交车在光岳楼站下车
网址：www.szbwg.com.cn

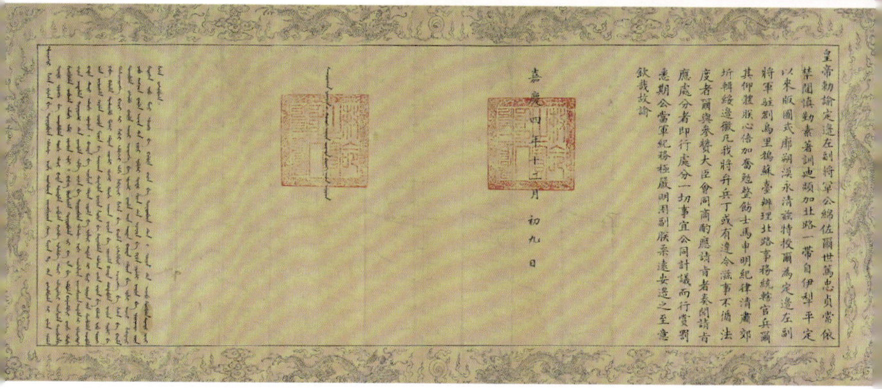

滨州市

Museums
of
Binzhou

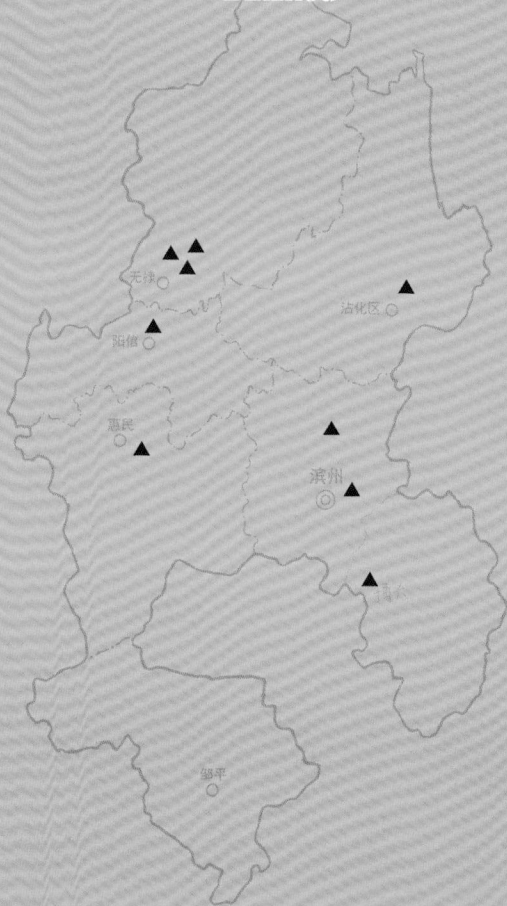

无棣 ◎

沾化区 ◎

阳信 ◎

惠民 ◎

滨州 ◎

博兴 ◎

邹平 ◎

滨州市博物馆分布示意图

滨州市博物馆

　　滨州市博物馆建筑面积10000余平方米，展陈面积5350余平方米，馆藏文物10000余件/套，种类涉及陶瓷器、玉器、青铜器、金银器、漆木器、骨角蚌器、佛教造像、字画、古籍等十多类。常设展览为滨州历史文化陈列，展出文物精品500余件/套。

明·青花花鸟纹大缸

北齐天保五年·白石佛造像

参观服务

地址：滨州市渤海十六路780号

开放时间：周二至周日9:00—17:00，免费开放

预约电话：0543-3189390

交通信息：市区内乘坐105路公交车滨州市博物馆站下车

博兴县博物馆

总体概述

博兴县博物馆是国家三级博物馆，馆舍面积2300平方米，馆藏文物16000余件。藏品特色是北朝佛造像，材质有金、铜、石、陶等，其中1983年龙华寺遗址出土的94件金铜佛像，是目前国内发现的一次性出土北朝铜佛像数量最多的一批，并且多带纪年，在国内外罕见；馆藏白陶佛像60余件，在山东境内馆藏白陶佛像数量最多。馆内现设七个展厅，以北朝佛造像艺术展为主打展览，陈列佛造像130余件。

常设展览

博兴佛教艺术展、石刻艺术展、博兴简史展、革命文物展、非物质文化艺术展

北齐·薛明陵造像　　　　　北齐·白陶菩萨立像　　　　　北齐·倚坐佛像

参观服务

地址：博兴县胜利二路文化广场西南文化中心大楼内
开放时间：8:30—11:30、14:00—17:00，全年免费开放
预约电话：0543-2321698
交通信息：自驾车至博兴县城胜利二路与博城五路十字路口西南即达

惠民博物馆

　　惠民博物馆坐落于惠民县孙子故园内东侧，成立于2004年5月，建筑风格为秦汉式仿古建筑。馆藏文物1410件/套，其中一级22件/套、二级37件/套、三级223件/套。古代瓷器、古代书画和佛造像是惠民博物馆馆藏文物的特色。其中佛造像造型精美，具有浓郁的地方特征。馆内常设展览由书画展厅、瓷器展厅、精品展厅、石刻碑廊组成。

东魏·白石菩萨像

参观服务

地址：惠民县故园路21号（孙子故园内）

开放时间：周一至周五9:00—17:00，免费开放

预约电话：0543-5311092

交通信息：惠民汽车站沿武定府路至环城东路，再沿环城东路至故园南路；乘坐滨州到惠民C901路公交车到电业局站下车沿故园路西行600米

滨州市沾化区博物馆

　　滨州市沾化区博物馆馆舍面积2100平方米，以古代盐业展厅为特色。以"渠展之盐"闻名的齐国，早在春秋战国时期，已经实现了海盐业的规模化生产，并通过一系列法令政策，将食盐化为富甲天下的有力工具。宋元明时期，沾化地区盐场林立，尤以永利、富国、丰民等闻名，留下了详实的文献记录。展览采用多媒体及场景复原的手段，再现了商周到明清时期的盐业生产及运输流通。

宋·三彩炉

地址：滨州市沾化区金海五路166号沾化区市民活动中心
开放时间：周二至周日9:00—17:00，免费开放
预约电话：0543-7325261
交通信息：长途汽车站乘坐5、8路公交车到市民活动中心下车

无棣县博物馆

　　无棣县博物馆位于新区明湖公园东侧，占地面积8764平方米，展室面积6800平方米。整个博物馆共计五层，分14个功能分区。馆内常设展览分别为石刻馆、历史文化展厅、张铸纪念馆、王仲武纪念馆，千年书画展厅与李山美术馆。

北齐·白石菩萨像

参观服务

地址：无棣县新区镜湖东路东侧文化中心

开放时间：周一到周五8:30—17:30，免费开放

预约电话：0543-5076927

交通信息：乘坐2路公交车到文化中心站下车

网址：www.wdwb.cn

无棣县吴式芬纪念馆

总体概述

　　吴式芬纪念馆占地7000多平方米，展厅面积400多平方米。馆内主要展示吴氏家族人文简介、金石学家吴式芬、吴家最后的辉煌——吴重憙专题馆，以及吴式芬殿试卷、金文手稿、家藏书画等诸多珍贵史料。

吴式芬藏虞司寇壶全形拓

参观服务

地址：无棣县海丰路27号无棣县古城风景区内

开放时间：周一到周五8:30—17:30，免费开放

预约电话：0543-5076927

交通信息：乘坐7路公交车到古城南门下车

网址：www.wdwb.cn

冯安邦纪念馆

总体概述

　　冯安邦纪念馆馆舍位于冯安邦故居的南宅院，于2006年8月建成并正式对外开放。纪念馆及其附属建筑占地面积2700多平方米，分领袖题词、作战序列、军事地图、社会褒奖、陵园奉祀五部分，展示抗日爱国将领冯安邦将军的英雄业绩。

参观服务

地址：无棣县海丰路29号

开放时间：周一到周五8:30—17:30，免费开放

预约电话：0543-5076927

交通信息：乘坐7路公交车古城南门下车

网址：www.wdwb.cn

阳信县梨乡民俗博物馆

总体概述

　　阳信县梨乡民俗博物馆位于万亩梨园景区中心位置，占地面积11亩，馆舍面积3500平方米，馆藏展品800余件，馆内设民俗展馆、非遗展示馆、毛岸英纪念馆等。博物馆以当地民俗风情为主线，馆藏展品种类多，涉及面广，全面展示了阳信人民不同时期极具浓郁地方特色的生产、生活状态。

参观服务

地址：阳信县城北万亩梨园景区

开放时间：周二至周六9:00—11:30、15:00—17:00，免费开放

预约电话：18854335577

渤海革命老区纪念园

　　渤海革命老区纪念园兴建于2006年，占地530亩，建筑总面积约25000平方米，包括渤海革命老区纪念馆、渤海革命纪念塔、模拟长城、烈士英名录长廊、英雄群雕、烈士墓区等主要建筑物。2009年9月

正式开园。馆内通过展出渤海区革命战争年代的大量历史图片、革命文献、文物，辅以历史场景复原、电视短片、艺术雕塑等，形象直观地展示了当年渤海区党政军民走过的艰难历程，传承和弘扬"不屈不挠、艰苦奋斗、顾全大局、无私奉献"的老渤海精神，激发了全社会的爱国热情。

参观服务

地址：滨州市滨城区滨北办事处凤凰八路北首
开放时间：周一到周五8:00—11:00、14:00—16:00，免费开放
预约电话：0543-3557791
交通信息：渤海2路北行，到秦皇台风景区往西500米左右至滨农科技路口处往北2公里，沿渤海5路（205国道）往北至永莘路再往东3公里左右，新天阳化工厂东路口处往北2公里

296

菏泽市

Museums of Heze

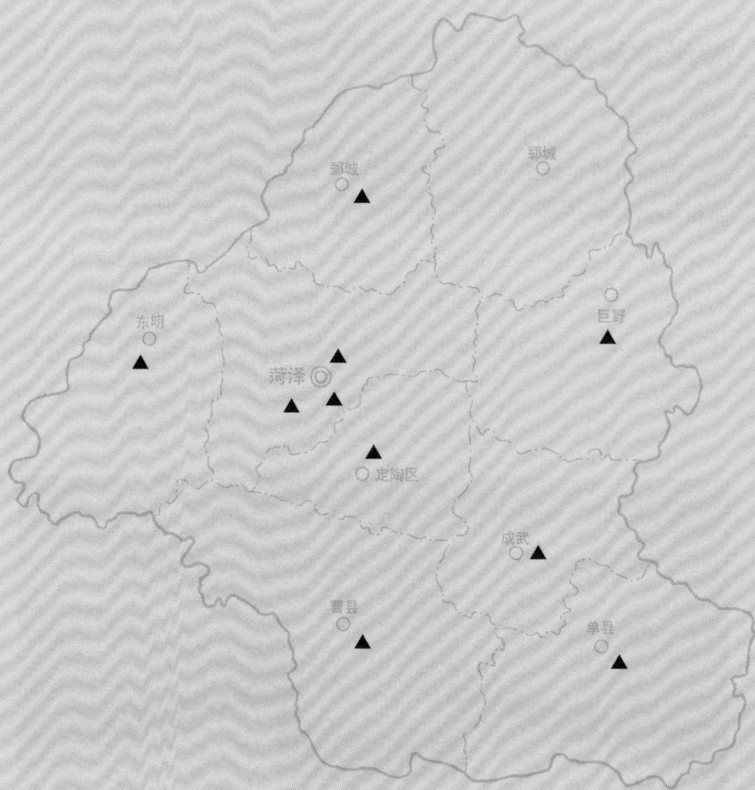

郓城

郓城

东明

巨野

菏泽

定陶区

成武

曹县

单县

菏泽市博物馆分布示意图

菏泽市博物馆

　　菏泽市博物馆是国家三级博物馆，占地面积13000平方米，建筑面积3000多平方米，展厅面积1600平方米。馆藏文物18374件/套，其中元青花龙纹梅瓶、元磁州窑白地褐彩龙凤纹罐、元卵白釉堆塑龙纹高足杯、元龙泉窑青釉鋬耳杯、元钧釉盏托、元木质内河船、商饕餮纹宰甫卣、明唐寅山居对弈图轴、明松竹纹犀角杯等都是十分珍贵的文物藏品。

常设展览

馆藏文物陈列、元代沉船出土文物陈列

元·卵白釉高足杯

元·青花龙纹梅瓶

元·磁州窑龙凤纹罐

参观服务

地址：菏泽市华英路537号

开放时间：周一至周日9:00—11:00、14:30—17:00，免费开放

预约电话：0530-5312080

交通信息：乘坐1、2、56路等公交车菏泽市联通公司站下车

网址：http://www.hezebwg.com

鲁西南民俗博物馆

总体概述

　　鲁西南民俗博物馆成立于1997年4月，收藏有各类民俗文物5000余件。展览以具有鲁西南地方特色的民俗文物为主题，在突出菏泽市"一城四乡"的基础上，将民间艺术、风土民情、衣食住行、生产生活等综合起来，集观赏性、知识性、艺术性于一体，诠释了鲁西南地区特有的风土民情。

常设展览

　　父亲民俗文物陈列、母亲民俗文物陈列、菏泽市非物质文化遗产陈列、菏泽市乡土记忆陈列

清·太平车

参观服务

地址：菏泽市牡丹区天香路111号新天地公园内
开放时间：周一闭馆，周二至周日8:30—12:00、14:00—17:00
预约电话：0530-5361780
交通信息：菏泽汽车总站乘坐21路至天香公园站下车

曹县商都博物馆

总体概述

　　曹县商都博物馆成立于2007年8月，展厅面积1200平方米，是集收藏、陈列、研究、社会教育于一体的综合类博物馆。馆藏文物1674件/套，其中一级文物3件，二级文物3件，三级文物108件。

常设展览

　　馆藏文物精品展

宋·玉象

参观服务

地址：曹县文化路与五台山路交汇处
开放时间：周一闭馆，周二至周日夏季8:00—11:30、14:00—18:00，冬季8:00—11:30、14:00—17:30，免费开放
预约电话：0530-3217578
交通信息：乘坐1路公交车文化路路口下车往东

定陶博物馆

　　定陶博物馆成立于2008年1月,占地面积约3600平方米,建筑面积约3560平方米,展厅面积2310平方米。馆藏各类文物11862件/套,其中国家二级文物藏品9件,三级文物藏品85件。定陶王陵黄肠题凑汉墓出土的玉璧、丝袍,定陶十里铺北堌堆遗址出土的大汶口文化彩陶罐、岳石文化陶鬲,汉代彩绘文字陶砖,明末清初董其昌的《清庄三夏图》都是馆藏珍品。

常设展览

　　定陶历史文物展

战国·错金铜带钩

元·高足鼓腹花卉纹罐

汉·玉璧

参观服务

地址：菏泽市定陶区青年路与府前大道交汇处西邻

开放时间：周一闭馆，周二至周日8:30—11:30、14:30—17:30，免费开放

预约电话：0530-7396319、7396318

交通信息：菏商路与府前大道交汇处往东约1.5公里路南

成武博物馆

成武博物馆成立于2009年6月，面积5000平方米，共收藏各类文物、自然标本10236件/套，藏品年代从新石器时代直到近现代。尤以青铜器、陶瓷器、古代书画和石刻为收藏特色，也是山

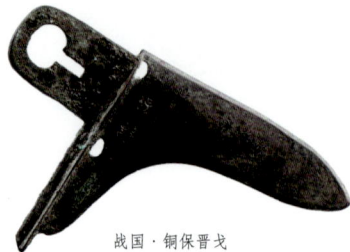

战国·铜保晋戈

东省第一批古籍重点保护单位。基本展览为"郜国故都伯乐故里——成武历史文化陈列展"，分为"文明源头 灿烂悠久"、"郜国鼎力 成武伊始"、"佛教独宗 儒道并存"、"卧牛城解 饱经忧患"、"革命儿女 前赴后继"五个部分。专题展览分为"伯乐文化 博大精深"、"武功赫赫 建功树基"、"文脉绵绵 熠熠生辉"、"古代石刻"四个部分。

宋·五彩女瓷俑

参观服务

地址：成武县先农坛街与仪凤路交汇处

开放时间：周一闭馆，周二至周日夏季8:00—11:30、14:30—18:00，冬季 8:00—11:30、14:00—17:30，免费开放

预约电话：0530-8987803，团体参观需提前预约

交通信息：成武县乡村客运站西行1.5公里

单县博物馆

总体概述

　　单县博物馆成立于2000年，是国家级首批免费开放的博物馆之一。馆藏文物7000余件，其中一级文物1件，二级文物4件，三级文物123件。文物有石器、玉器、陶器、瓷器、青铜器、骨器、木器、货币、字画、杂类、革命文物11大类，尤以青铜器、玉器、陶器、瓷器、书画为特色。

清·碧玉盖碗

常设展览

　　历史文物精品展、石器展、书画展

战国·青铜鼎

参观服务

地址：单县向阳东路文化中心二楼
开放时间：周一闭馆，周二至周日夏季8:00—11:30、14:30—18:00，冬季 8:00—11:30、14:00—17:30，免费开放
预约电话：0530-4189808，团体参观需提前预约
交通信息：单县汽车站乘坐5路公交车至文化中心博物馆下车

中国鲁锦博物馆

总体概述

中国鲁锦博物馆是菏泽市创建最早的特色专题博物馆，成立于1995年，陈列面积1300平方米，是首批财政部、中宣部、文化部指定的免费开放博物馆。博物馆围绕鲁锦织造技艺，主要展示鲁锦的织造历史、传统工艺、鲁锦图案艺术、鲁锦文化推广和鲁锦在现代生活中的应用。

参观服务

地址：鄄城县开发区潍坊路中段路西，鄄城县长途汽车站正东4000米
开放时间：周一至周日8:30—12:00、14:00—18:00，免费开放
预约电话：0530-2427682

东明博物馆

总体概述

　　东明博物馆成立于2009年，占地面积2380平方米，其中建筑面积952平方米，展厅面积500平方米。馆藏文物3000余件，其中二级文物2件，三级文物35件。文物有

西汉·虎子

石器、玉器、陶器、瓷器、青铜器、骨器、木器、货币、字画、杂类、革命文物十一大类。藏品具有鲜明的地方特色，尤以陶器、瓷器、革命文物为特色。

常设展览

历史陈列展、民俗文物展

清·青花瓷觚

东汉·釉陶壶

参观服务

地址：东明县南华路万福公园院内

开放时间：周一闭馆，周二至周日夏季8:00—11:30、14:30—18:00，冬季 8:00—11:30、14:00—17:30

预约电话：0530-7215613，团体参观需提前预约

交通信息：东明县客运站西行5公里

巨野县博物馆

总体概述

巨野县博物馆成立于2006年9月，展厅面积1800平方米，共收藏文物4417件/套，其中一级文物13件/套，二级文物31件/套，三级文物168件/套。上起新石器时代，下止近现代，跨越时空数千年，从不同侧面折射出巨野悠久的历史和各个时期的文化风貌。红土山汉墓出土的玉具剑饰、制药器具、28块玉璧、玉鞢、玉蝉、鎏金弩机、铜车马器等尤为珍贵。

常设展览

历史文物精品展、精品石刻拓片展

西汉·螭虎纹玉剑首

西汉·螭虎纹玉剑珌

西汉·螭虎纹玉剑璏

参观服务

地址：巨野县文庙街8号

开放时间：周一闭馆（国家法定节假日除外），周二至周日9:00—11:30、14:00—17:30，免费开放

预约电话：0530-8318959，团体参观需提前预约

交通信息：巨野县长途汽车站西、永丰塔北100米

冀鲁豫边区革命纪念馆

总体概述

　　冀鲁豫边区革命纪念馆经中共中央和国务院批准，2000年5月建成开馆。占地面积198亩，建筑面积11700余平方米，集展厅、画馆、广场建设于一体。展厅分为序厅、星星之火、浴血抗日、和平之路、平原逐鹿和革命儿女等。

参观服务

地址：菏泽市丹阳路1111号

开放时间：免费开放，周一闭馆，夏、秋季8:30—11:30、14:30—17:30，春、冬季8:30—11:30、14:00—17:00

预约电话：0530-5167903

交通信息：乘坐10路公交车在纪念馆下车

网址：www.jlybqgmjng.com